EXPRESSÃO vital

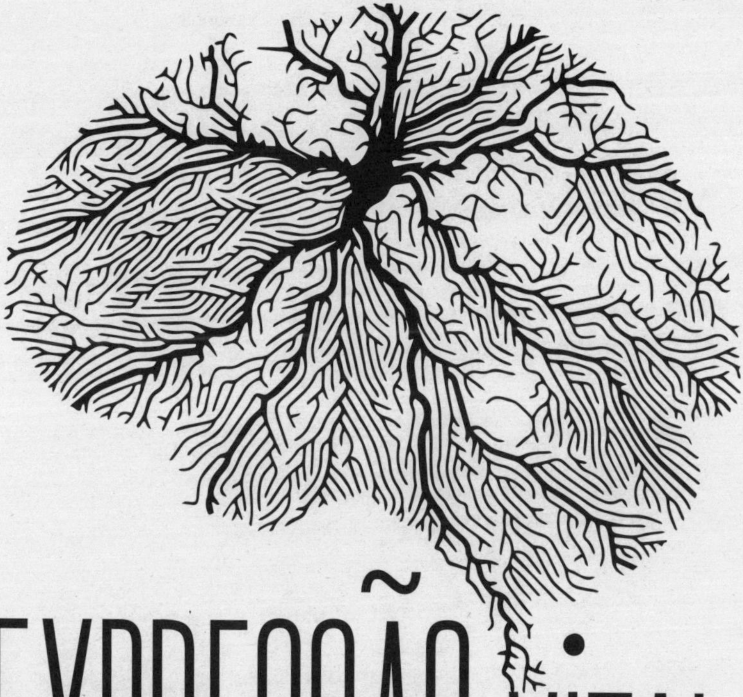

EXPRESSÃO VITAL

O resgate do ser
através da psicologia
e da arte

GILSON MOLINARI

Labrador

© Gilson Molinari, 2024
Todos os direitos desta edição reservados à Editora Labrador.

Coordenação editorial Pamela J. Oliveira
Assistência editorial Leticia Oliveira, Vanessa Nagayoshi
Projeto gráfico e capa Amanda Chagas
Diagramação Estúdio dS
Preparação de texto Lucas dos Santos Lavisio
Revisão Daniela Georgeto

Dados Internacionais de Catalogação na Publicação (CIP)
Jéssica de Oliveira Molinari - CRB-8/9852

Molinari, Gilson

Expressão vital : o resgate do ser através da psicologia e da arte / Gilson Molinari.
São Paulo : Labrador, 2024.
192 p.

ISBN 978-65-5625-645-0

1. Autoajuda 2. Psicologia I. Título

24-3000   CDD 158.1

Índice para catálogo sistemático:
1. Autoajuda

Labrador

Diretor-geral Daniel Pinsky
Rua Dr. José Elias, 520, sala 1
Alto da Lapa | 05083-030 | São Paulo | SP
contato@editoralabrador.com.br | (11) 3641-7446
editoralabrador.com.br

A reprodução de qualquer parte desta obra é ilegal e configura uma apropriação indevida dos direitos intelectuais e patrimoniais do autor. A editora não é responsável pelo conteúdo deste livro. O autor conhece os fatos narrados, pelos quais é responsável, assim como se responsabiliza pelos juízos emitidos.

Dedico este trabalho à minha filha Giuliana, tão amada e querida.

Deixo aqui minha profunda gratidão à minha família e, em especial, aos meus pais, Rubens Caiuby e Darcy. Agradeço, do fundo da minha alma, pela criação atenta, amorosa e espiritualizada que tive em todos os momentos da minha vida, inclusive, e principalmente, na minha infância, me possibilitando olhar para mim dessa mesma forma (atenta, amorosa e espiritualizada) e, assim, conseguir estruturar valores ao longo de todas as dificuldades que atravessei.

Agradeço também a todos os membros da grande família, cujo número é grande demais para nomeá-los um a um, mas que formam uma grande egrégora de amor, consagrando, sim, que a família, com os amigos, carrega o potencial intrínseco de ser uma estrutura de apoio e prazer em cada momento de nossas vidas.

Meu profundo amor a todos com quem convivi, na minha vida pessoal, esportiva ou simplesmente social, assim como na minha vida profissional, os quais muito contribuíram para o meu amadurecimento e minha própria estruturação.

Minha gratidão e reverência a todos os mestres que nos antecederam e que dedicaram suas vidas, de alguma forma, ao estudo da psicologia.

O ser humano se depara hoje com a questão do que é correto, justo e ético na relação com o outro e com o meio. Estamos atrelados e amarrados às próprias armadilhas que criamos. Estamos perdidos na imagem da relação com o outro em uma base minimamente consciente sobre nós mesmos.

Não gostamos de olhar para nós e, quando qualquer coisa dá errado, julgamos e acusamos o outro em um ato de autoproteção para tentarmos proteger nossa fragilidade não cuidada.

Vivemos da comparação no mundo dual, do querer entender o externo, do querer dominar e controlar... Todos estamos errados em algum ponto ou momento, e apurar esses erros no outro, no mundo externo e dual, por si só, faz parte de um processo idealista e perfeccionista em uma tentativa de se fortalecer, podendo, assim, causar maus irreparáveis através da estigmação, da cristalização do negativo no outro.

Isso é exercitar o lado maldoso do ser humano, e é com essa sombra que a maior parte de nós vive no momento.

Estamos tentando encontrar saídas onde não existem, tentando negar a própria natureza.

No que se refere ao equilíbrio de energias masculinas e femininas em cada indivíduo, tema central deste livro, uma forma de relação *non-gender* é muito defendida hoje, em uma tentativa de podermos vislumbrar, em uma normose cultural, a possibilidade de atingir um equilíbrio perfeito das energias no ser humano.

O equilíbrio perfeito não está no meio a meio como muitos podem pensar. A beleza não está na igualdade, mas sim na diferença. Assim como o universo está em um equilíbrio dinâmico, nós também estamos. É justamente a diferença de proporções que nos torna perfeitos, que nos coloca em movimento.

A forma de manifestação de cada um na vida orgânica aqui na terra é o que equilibra dinamicamente a resultante (diferença) dessas forças, das energias masculina e feminina em cada indivíduo, ou seja, se um indivíduo tem a proporção de energia feminina maior que a energia masculina em si, o seu equilíbrio acontece através da sua expressão física, que se manifestará aparentemente, visualmente feminina, representando o excedente de energia feminina que esse indivíduo tem em sua constituição.

Expressão vital pretende promover um encontro das energias masculina e feminina renovadas e maduras no ser humano.

Procura trazer um salto evolutivo durante o desenvolver do processo de comunhão dessas duas energias de cujo processo a "boa guerra" e o "acolhimento" fazem parte.

Tem a intenção de nos fazer perceber que pertencemos a algo "maior".

Discute a ação simultânea e consciente da "boa guerra" e do "acolhimento", como partes do processo de busca da comunhão e formação da unidade interior, na preparação do homem para a construção de uma nova era através de uma soma de valores conscienciais nunca experimentados.

Discute os absurdos que o homem vem cometendo e as contradições ainda presentes hoje nas ações do ser humano.

Uma trajetória com amorosidade e positivismo, unindo sabor ao saber e afetividade à efetividade.

O propósito deste trabalho não é o de levantar polêmicas, portanto evitei ao máximo, usar nomenclaturas técnicas habituais, tanto da psicologia e da ciência em geral, quanto das religiões ou das escolas filosóficas, pois estas nos remetem às ponderações tradicionais do momento em que tais nomenclaturas foram instituídas como apropriadas a cada uma de suas respectivas épocas de estudos.

Meus principais mestres desta trilha são:

Carl Gustav Jung, Bhagwan Shree Rajneesh (Osho) e Rudolf Steiner.
Jung nos traz a importância de focarmos o desenvolvimento da psique humana através da verbalização; Osho vem, com maior foco, trabalhar de forma prática o nosso inconsciente através do desejo, e Steiner nos desvenda, com mais ênfase, o lado etéreo do ser.

SUMÁRIO

PARTE I

INTRODUÇÃO AO TRABALHO E AOS CONCEITOS DA PSICOLOGIA TRANSPESSOAL —— **15**

I – Apresentação —— **17**
II – Introdução —— **18**
III – Psicologia —— **25**

PARTE II

O HOMEM E SUA RELAÇÃO COM O UNIVERSO —— **33**

IV – O ser humano e o universo —— **35**
V – Conceitos de mente transpessoal e de mente vilã —— **44**
VI – A lógica dual e o conforto que os grandes mestres produzem —— **53**
VII – A entrega ao todo —— **55**
VIII – A sombra da energia masculina —— **57**
IX – O grande trauma —— **80**

PARTE III

O CHAMADO PARA A RESPONSABILIDADE EMOCIONAL —— **89**

X – Ancestralidade —— **91**
XI – R.E.I.S. (Razão, Emoção, Intuição e Sensação) —— **100**
XII – O nosso inconsciente como herança e dádiva —— **109**

PARTE IV

O PROCESSO DE CURA: DO RECONHECIMENTO À ESTRUTURAÇÃO —— **113**

XIII – Quem vai atrás do conhecimento e da expansão da consciência? —— **115**

XIV – Exercício do perdão para transcender o trauma maior — **122**

XV – Humildade e discernimento — **131**

XVI – O início do resgate (desidentificação e ressignificação) — **134**

XVII – As forças etéreas da rosa e do cavalo como visão de trabalho — **143**

XVIII – Educação: a responsabilidade na transmissão dos ensinamentos e a desconstrução como parte do processo de cura — **145**

XIX – Emergência espiritual: "Bendita crise" — **164**

XX – O alinhamento através das expressões nas artes — **167**

XXI – Construindo a ponte (corpo caloso) — **173**

PARTE V
O SER HUMANO COMO SER REALIZADOR ENTRE OS MUNDOS — **175**

XXII – Poder esotérico e egos inflados — **177**

XXIII – Memória *akáshica* — **179**

XXIV – Novos caminhos — **182**

XXV – Considerações finais — **188**

Referências bibliográficas — **189**

Sites consultados — **191**

PARTE I

INTRODUÇÃO AO TRABALHO E AOS CONCEITOS DA PSICOLOGIA TRANSPESSOAL

I – APRESENTAÇÃO

Expressão vital

Neste livro, abordarei a psicologia como fio condutor de resgate do ser uno, conectado, através da expressão na arte, na atuação física atenta (como forças psíquicas femininas e masculinas) e na verbalização (para elaboração de valores), como um ciclo importante de cura e união da mente e do coração.

Passarei pela conscientização e necessidade do pedido e aceitação do perdão entre as duas energias masculinas e femininas que se justificam em ciclos crescentes de erros e são representadas aqui, neste plano, pela infindável "guerra dos sexos" baseada em constantes reatividades.

Trilharei temas de estruturação que levam à construção, à preservação da integridade e ao fortalecimento da psique, rumo ao estado de satisfação e contentamento permanentes e à espiritualidade como estado de graça conectivo e iluminativo, no processo de desenvolvimento das capacidades etéreas do ser.

Outros temas que recebem destaque são: dor; perdão; sexualidade; superação do medo (culpa e carência); agressividade como qualidade positiva de preservação; sacrifícios e contenções na formação da integridade do ser e a consequente e natural educação transdisciplinar, transmitida pelo exemplo intrínseco às próprias atitudes, pela similaridade e pela emanação de energia.

II – INTRODUÇÃO

No fluxo oposto ao caos que a sociedade vive em termos de relacionamentos em geral, este livro aborda um tema para todos, homens e mulheres, que trará, de forma consciente e madura, uma visão restaurada sobre a importância da energia mental.

Assumiremos aqui uma convenção adotada nas culturas orientais em que se trata por energia feminina o que é mais sutil e por energia masculina o que é mais denso.

Na filosofia oriental em geral, compreende-se que tudo é relativo e que algo só é passível de alguma definição quando comparado com alguma coisa diferente.

Por isso, a energia mental é convencionalmente chamada pelas culturas orientais de energia masculina quando comparada com a energia do coração, uma energia mais sutil e, portanto, chamada de energia feminina.

Para fins elucidativos, a energia do coração pode ser considerada uma energia masculina se comparada com algo mais sutil, como no âmbito da alma, do espírito, assim como a mente pode ser considerada uma energia feminina se comparada com algo mais denso.

Como falaremos muito sobre o trabalho de equilíbrio e comunhão entre mente e coração, iremos nos referir à composição da energia masculina (mente) com a energia feminina (coração), seguindo a convenção adotada pelas culturas orientais.

Essa visão de energia masculina (da mente) restaurada, curada, nasce a partir da cura de traumas instalados no inconsciente coletivo (que explicarei mais adiante) e conquistará seu papel imprescindível na comunhão com a energia feminina (do coração) no trabalho de elaboração e estruturação de nossos sentimentos e valores, e no consequente fortalecimento da nossa psique, visando formar um novo trajeto que chamo de "autorresponsabilidade emocional" de cada indivíduo, a ser traçado pela raça humana na busca de um processo evolutivo comum a todos.

Caminharemos na direção da comunhão das forças do sagrado feminino (o qual tem, num passado recente, sido resgatado e empoderado por muitos em proporção nunca vista antes) e do renegado (acusado e simultaneamente vitimizado) sagrado masculino, como união imprescindível na construção de uma nova essência de ser.

Falarei da necessidade da verbalização como atividade psicológica essencial no processo de cura consciente através de uma abordagem transpessoal (vendo o ser como parte do universo, integrando-se a ele, e não como "dono da terra") e complementar às vivências físicas e lúdico-espirituais.

Nas vivências físicas, as experiências acontecem a nível sensorial e, nas vivências lúdico-espirituais, acontecem a nível intuitivo, podendo trazer algo consciente ou inconsciente de cada um.

Falarei também sobre o "óbvio", sobre os valores essenciais do ser humano que fazem parte de um "senso comum", mas que, na verdade, têm sido usados de maneira bastante rara e, portanto, não fazem jus ao nome. Por esse lado contraditório e sarcástico do homem, poderei eventualmente usar uma abordagem até um pouco cômica, com o intuito de transformar esta leitura em algo mais leve, o que por si só poderia carregar um pouco do peso negligencial.

Portanto, desculpem-me, desde já, por alguma brincadeira com a nossa raça humana, por citar coisas que parecem óbvias, mas que, na realidade, são poucos os que se destinam a dedicar tempo e energia para desenvolvê-las, pois a dificuldade, às vezes, está em conseguir "criar uma linha de raciocínio" e desenvolver associações coerentes entre diferentes temas na teia da vida.

Este livro é de caráter retrospectivamente elucidativo, trazendo um pouco do caminho que o homem percorreu até aqui.

Vou falar sobre a importância suprema do equilíbrio das energias masculina e feminina nos relacionamentos (e mesmo na relação entre homem e mulher, referindo-me aqui à composição de forças das energias masculinas e femininas em cada indivíduo) para a reconstrução de uma sociedade saudável baseada em novos parâmetros e valores a serem estruturados.

Elucidarei diversos temas de maneira bastante essencial, que transparecerão como citações óbvias para o leitor, mas não será difícil perceber que, apesar de óbvios, muitos dos pontos que tocarei estão pouco absorvidos, integrados e estruturados em nosso ser, por isso a grande dificuldade de sermos coerentes e consistentes em nossas ações e em nossos relacionamentos.

Para tal, precisamos da união, de fato, da força do mental, representado pela energia masculina, e da sensibilidade, amplamente requisitada em todas as nossas percepções e ações, representada pela energia feminina.

Vemos, como é muito compartilhado hoje, a ideia de que todo caminho é caminho. Supostamente, essa afirmação implica em achar que existe um aprendizado com o erro.

Porém, para que isso aconteça, é impossível não considerar que haja uma responsabilidade do ser intrínseca às situações de erros vivenciadas, pois, se isso não acontece, essa situação de erro tende a se prolongar e se repetir, nos colocando em um daqueles cenários de verdadeiro "girar em falso", em que simplesmente não evoluímos.

A partir da cura e ressignificação dos aspectos masculino e feminino, trazendo a responsabilidade emocional do ser, este livro tem o intuito de mostrar um caminho possível para o "despertar" para o verdadeiro potencial da mente humana.

Este trabalho tem seu alicerce na psicologia transpessoal, por isso chamo essa mente potencial do além-ego de mente transpessoal.

Muitos já têm a consciência desses erros cometidos no passado em função dessa mente egoica (energia masculina exacerbada), e muito já tem sido feito para atingirmos uma abstração mental e para que o coração "fale" mais alto.

A amorosidade prevalece hoje em muitos meios em que a expansão da consciência é trabalhada para que atinjamos um modo mais "humano" de se viver.

Viver com e na amorosidade nos leva a buscar uma situação mais justa e com menos "diferenças sociais" entre todos os cidadãos, para que consigamos tornar este nosso mundo menos "mundano".

Porém, essa abordagem da amorosidade ainda não significa um equilíbrio e pode, sim, representar a vivência (com acomodação, resiliência ou até conformismo) de um outro extremo, que representa o abandono de um potencial mental importante, de gerar ou gerenciar emoções, intrínseco ao ser humano.

O amor é o caminho, mas o trabalho conjugado com essas duas energias, masculina e feminina, é essencial na busca pelo equilíbrio. É o tal equilíbrio da *anima* (energia feminina) e do *animus* (energia masculina) no ser humano, tão falado hoje como a possível quinta "onda" ou "força" da psicologia, mas ainda tratada de uma maneira quase que utópica, parecendo, de fato, mais uma ficção do que uma busca real.

Esse equilíbrio interno se dá de forma diferente e única em cada ser humano, como não poderia deixar de ser, e a partir disso pode ser feito um trabalho consistente com uma estrutura baseada no amor que se expande naturalmente do nosso centro a tudo e a todos que nos rodeiam.

Para isso, precisamos transmutar todos os nossos nós energéticos (que têm origem nos medos e traumas), por meio de um trabalho consciente de ressignificação das situações circunstanciais que nos limitaram e nos normatizaram, em uma energia livre e construtiva a ser "usada" em nome do amor.

No que tange a um relacionamento entre duas pessoas ou mais, não defendo nem excluo aqui nenhuma estrutura, seja ela patriarcal, seja matriarcal, pois, assim como o equilíbrio de energias se dá de maneira diferente em cada ser, a estrutura de cada casal, família ou comunidade (como um microcosmo dentro de qualquer tipo de sociedade) também pode se dar de forma diferenciada, conforme a energia vinda de cada um para essa "constelação" e pelo equilíbrio dinâmico entre os seres que a compõem.

Jung (2013) disse algo como: "A vida na terra está por um fio e esse fio é a psique humana". Ou seja, o homem está perdido. Precisa compreender onde está e aonde deve ir.

Para isso, necessita reestruturar seus valores para se desvencilhar de tudo que lhe foi imposto e de seu condicionamento em função da corrida rumo à conquista e à manutenção do poder em todas as áreas.

Roberto Crema, em entrevista, disse algo como: "Não há vento que possa ajudar quando não se sabe para onde se quer ir", frase esta atribuída a Sêneca.

Nosso problema começa quando queremos administrar nossos sentimentos com a mesma mente ligada ao externo, ao instrumental, que busca planejamento e eficiência no dia a dia.

Esse é o desastre que tange a mente ligada ao externo, querendo administrar as emoções, e que não nos permite viver de verdade, pois essa mente vive um emaranhado de ilusões e tenta produzir a sensação de controle sobre as emoções, porém, para de fato

Expressão vital

vivermos as sensações, precisamos nos abster desse "falso controle".

Precisamos perceber como é possível deixar fluir as sensações e viver de modo mais instintivo, intuitivamente inspirados pelo momento (aqui e agora), sem o controle dessa mente externa ilusionista.

III – PSICOLOGIA

Caminhos da psicologia

Defendo que o psiquismo é composto pelo lado racional e pelo lado lúdico.

Pelo lado da razão, o psiquismo nada mais é do que a atividade composta pelas nossas capacidades, razão e intuição, atuando sobre as emoções e sensações, que, juntas, formam as quatro capacidades principais do ser humano e que, combinadas, duas a duas, representam áreas diferentes de ação ou atividades do homem.

Pelo lado lúdico, o processo é exatamente inverso. Começa trazendo o inconsciente do ser, mesmo sem sua autorização mental através da arte em geral, exercícios de pintura, sonhos, músicas ou exercícios corporais, passíveis de interpretações pelo arteterapeuta. Algo que traga informações do seu inconsciente, mesmo sem você querer. Sem a sua autorização.

As vivências com abordagens estritamente energéticas, que não buscam *inputs* conscientes ou inconscientes, também são de grande valia, pois transmutam bloqueios de forma catártica.

Só para nos situarmos onde estamos no curso da história nesta área, ilustro rapidamente as etapas conhecidas, que percorremos desde o recente despertar do homem para a psicologia, há pouco mais de cem anos, segundo esta cronologia:

» Primeira força » comportamentalismo destacando um estudo comportamental do homem em que o foco eram as ações externas e visíveis.
» Segunda força » psicanálise que se detinha na "doença" gerada pelos traumas familiares, e não na saúde também.
» Terceira força » psicologia humanista, que levava em conta aspectos positivos, potencialidades, talentos, entre outras capacidades de transformação.
» Quarta força » a psicologia físico-espiritual ou transpessoal, que leva em conta, principalmente, a conexão com o todo, com a dimensão do espiritual da psique, há tanto "esquecida" e que surge do encontro com as tradições do pensamento oriental.

Apesar de a época que vivemos hoje nos remeter um pouco aos momentos vividos nos anos 1960 pela tentativa de desconstrução e construção de novos valores, o nível de consciência que vivemos é bastante diferente do daquela época, e acredito que, hoje, consigamos abordar essa expansão de consciência em níveis sutis e os valores fundamentais com muito mais maturidade e integridade, ou seja, com menos medo e menos fuga e com mais inteireza do ser.

No caminho percorrido pela psicologia nos últimos cem anos, migramos da abordagem científico-racional, baseada no comportamentalismo e na doença, para uma abordagem mais humanista, levando em conta aspectos positivos, potencialidades, talentos, entre outras capacidades do ser, até chegarmos à dimensão do ser de luz que todos somos, como seres espirituais integrados ao universo cósmico. Essa é a chamada quarta força da psicologia, em que a psicologia transpessoal se estabelece.

PSICOLOGIA TRANSPESSOAL

A psicologia transpessoal é uma abordagem da psicologia que engloba as abordagens tradicionalmente conhecidas no Ocidente, mas também as filosofias orientais, assim como o cerne comum das religiões, ou seja, é uma perspectiva ampla do homem como um ser interagente não somente na Terra, mas também no universo, sendo por este influenciado, numa constante troca e impermanência regidas pela inteligência universal, a qual veremos mais adiante, no capítulo sobre o conceito de unidade.

Ou seja, apesar de ser bem mais ampla que todas as abordagens anteriores feitas pela psicologia, a transpessoal pressupõe do ser a humildade sobre a sua compreensão limitante das inter-relações dele mesmo com o cosmos.

A psicologia transpessoal, portanto, respeita profundamente o sincronismo existente em nossas vidas sem pretender compreendê-lo científica ou sensorialmente. Ou seja, assumimos que não existe nem existirá uma explicação para essa inteligência maior, pois ela está infinitamente além de todas as capacidades de compreensão do ser.

Compreender esse nosso limite e respeitar essa inteligência maior nos coloca em uma posição de podermos nos relacionar com as capacidades pertinentes ao homem e usufruirmos delas, seja de maneira racional, seja de maneira sensorial, na relação com essa inteligência universal.

Trocando em miúdos, não temos controle sobre tudo, e principalmente sobre quaisquer processos sutis e/ou energéticos.

Tudo que podemos fazer é nos disponibilizar para acessar essa inteligência e, com isso, permitir que ela nos use como parte integrante de todo o sistema universal.

O homem tem a pulsão, inerente ao seu ser, de crescimento, de evolução.

Cabe a nós quebrar nossas barreiras de medo e vícios, alimentando o que há de amoroso em nós, não nos autossabotando com os "nãos" que nos imprimimos e não recusando o chamado dos nossos próprios talentos.

Ao tomarmos as decisões que atendam ao chamado dos nossos talentos (sem fugir de nossa responsabilidade por medo de nossa própria grandeza), e alimentando nossas virtudes e valores fundamentais do ser humano (reta conduta), nos apropriamos do nosso poder interior, que potencialmente nos leva à conexão com o divino e ao alcance do nosso darma, da nossa autorrealização, da vida com propósito.

É a realização do milagre, da magia, do sincronismo, da sublimação, do amor, do *maior* em nós mesmos.

Ao nos contermos em algumas atitudes e situações consideradas viciosas (violência, falsidade, roubo, indulgência, entre outras), essa renúncia ao poder egoico e essa ação de sacrifício começam a nos elevar ao sagrado, ao sublime.

Para passarmos da escuridão à luz, precisamos dispor de bastante respeito a tudo, com positivismo e comprometimento aos valores fundamentais, pelo amor, pelo verdadeiro.

Amar, trabalhar, saber e transcender, gerando estado de alegria, encantamento, liberdade e graça.

Para isso, a travessia pelas sombras é necessária.

É preciso deixar de alimentar nosso lobo furioso interno e os vícios e pensamentos ligados a ele, os quais provocam desconexão com o todo e empobrecem nossas dimensões intuitiva e sensorial, de modo a promover nosso desequilíbrio emocional.

Absorvemos esses vícios por introjeção e herança da sociedade (religião, família, sistema de ensino etc.), por repressões no âmbito da agressividade, da sexualidade, da criatividade ou da espiritualidade, criando, muitas vezes, complexos de inferioridade, sentimentos de vergonha, medo, apego, competitividade, ansiedade e angústia.

Atravessar nossas sombras significa acessar, reconhecer e transcender os problemas do ego (o consciente e os vários "inconscientes" subdivididos, descritos e nomeados diferentemente pelos "mestres" da psicologia) que compõem nossos vícios (considerados comuns, normais ou não), que de alguma forma nos prejudicam, nos fazem mal.

O conjunto dos hábitos considerados normais, mas que são patogênicos, forma o conceito de *normose*.

Como mencionado, o acesso a esses vícios, bem como o reconhecimento e a eventual libertação deles, desses valores estreitos, pequenos, pode se dar através de introspecções, vivências e/ou interiorização, na busca do elo com o todo, que promove dessensibilização dos sentidos para estímulos externos, e assim conseguimos dirigir nossa atenção às emoções.

Não conseguimos *dis-pensar* (dispensar o pensar). O pensar sobre o passado, sobre as nossas memórias. Portanto, o caminho para a busca interior requer o aquietamento da mente, o desprender, o agir com humildade, para, então, abrir espaço para o novo saber e para darmos direção e foco às nossas capacidades essenciais de lucidez e de discernimento, na necessidade de desconstrução e na elaboração e ressignificação de nossos sentimentos.

O pensar sobre o externo vai sempre contra o coração, pois nos tira da realidade interna e nos leva para a "ilusão material", da qual o ego não está a serviço, em que a "mente adquirida" ou a "mente vilã", sobre a qual falaremos em seguida, não se prostra à "mente original", à "mente transpessoal".

Vivamos na indignação sobre o que é pequeno em nós e no mundo, pois ela nos conduz à nova forma de vida e ao cumprimento do dom humano neste plano.

Vivenciar o cansaço no percurso desse caminho é natural, porém o eventual abandono desse caminho de exercitar o nosso dom pode ser chamado de "noite escura da alma".

Por isso, muitas vezes, o desconforto, o desassossego e a desconstrução se fazem necessários.

Nessa linha, Jung escreveu o livro *Sete sermões aos mortos*, Baruch Spinoza escreveu *Deus falando com você*, entre muitos outros trabalhos, também, de Osho.

É o homem começando a viver do intangível da criatividade humana, que pode permear o social, o cultural e o ambiental, produzindo serviços sem produzir matéria.

Esse caminho a ser percorrido é o respeito ao dom da vida humana. É o *pneuma* (o sopro divino), que atravessa os três mundos, descritos a seguir, e as respectivas etapas da história da própria psicologia:

» A "soma" (físico), representando o mundo de baixo, vive o behaviorismo.
» A "anima" (psique), representando o mundo do meio, vive, respectivamente, a segunda e a terceira força da psicologia. A psicanálise e a psicologia humanística que procuram a saúde mental e física.
» O "nous" (consciência), representando o mundo do alto, vive a quarta força da psicologia. O transpessoal, que procura a suprassaúde a caminho da quinta força, que é a "psicologia integrativa".

Com essa atitude de expansão da consciência e o aumento vibracional (vibrando nos três mundos), passaremos do "consumo" para a "comunhão", da economia hierárquica vertical para a economia horizontal de colaboração e compartilhamento. Saboreando o momento aqui e agora, habitando o logos do ser único que cada um de nós é.

Esse caminho é também a comunhão do filósofo, do artista, do cientista e do místico em nós. É o caminho da poesia, da prece, dos conceitos e da indignação.

Essa transdisciplinaridade abraça valores e não se isenta. Isso significa, inclusive, saber abrir e fechar portas. Isso é disciplina. Isso é a teimosia sagrada.

Ainda, Roberto Crema diz algo como: "O maior perigo da humanidade é o cientista alienado e direcionado estritamente pelo poder econômico. Aqueles que continuam criando algum tipo de 'Bomba de Hiroshima'."

Mesmo que sejam as "pequenas minas detonadoras no nosso dia a dia" que drenam, diariamente, não somente a nossa saúde mental e física, mas todas as capacidades noéticas do ser de conexão com uma consciência suprema.

A ciência começará a focar todo o conhecimento tecnológico a favor da natureza e do homem para sua saúde geral, sem que os resultados econômicos sejam prioridade, ou seja, de forma ética, pois a permeação da vida através desses três mundos é a própria alquimia da transmutação e da transcendência da matéria e do desejo à compreensão suprema. É o homem habitando o mundo infra-humano e o mundo supra-humano.

Ou seja, a maior descoberta do século XXI será o próprio ser humano.

PARTE II

O HOMEM E SUA RELAÇÃO COM O UNIVERSO

Num interesse profundo em conhecer a sua natureza íntima e a sua essência eletromagnética, o homem descobrirá que a alma é o divino se manifestando na matéria.

MARTHA PIRES FERREIRA

IV – O SER HUMANO E O UNIVERSO

O que é mais incrível sobre o ser humano é que cada um de nós é singularmente único e diferenciado, uma vez que estejamos libertos do condicionamento cultural da nossa sociedade, que nos homogeneíza.

Por mais paradoxal que possa parecer, é exatamente quando percebemos a nossa singularidade que também percebemos o lado fundamentalmente cósmico da humanidade e experimentamos uma verdadeira compaixão por tudo.

Aí encontramos a nossa verdadeira voz de amor, no espaço silencioso da nossa escuta, em que a presença imaculada do outro acontece.

Você e cada um de nós somos um evento cósmico glorioso, jamais acontecido e que jamais se repetirá.

Lembrar-se e viver em sintonia com isso é viver uma vida de aventura criativa, exploração cósmica e plenitude absoluta.

Dentro do conceito da inteligência universal que reequilibra o caos, existem momentos de desequilíbrio, ou seja, temos um equilíbrio dinâmico com lapsos de desequilíbrio, dos maiores aos menores terremotos, vulcões, tsunamis, tempestades, maremotos ou mesmo chuvas e ventos brandos. Todos esses acontecimentos são manifestações que restabelecem o equilíbrio, que fazem parte desse equilíbrio dinâmico.

Assim como o equilíbrio gerado pela inteligência universal, os desequilíbrios momentâneos também nos influenciam constantemente.

Podemos dizer que esses momentos geram as influências externas acidentais que provocam tensões internas no ser (e em toda vida orgânica), sejam elas direta ou indiretamente de ordem planetária, mas, como consequência, nos fatos ocasionais, tais como encontros ou ocorrências em geral.

O que precisamos entender é que, com sabedoria, podemos transformar essas influências acidentais em algo relativamente inofensivo, ou seja, mesmo que causem um estrago momentâneo, conseguimos "murchar" a situação para que ela não siga a tendência de se perpetuar.

Nesse ponto, entra o importante conceito de "sacrifício" (do tornar sagrado), ou seja, ressignificando os fatos, dando ou não a devida importância a eles (voltarei neste ponto a seguir dentro da ideia do "agir com sabedoria").

Existem coisas "que são para acontecer", ou seja, dentro da ideia do equilíbrio gerado pela inteligência universal, elas não acontecem por acaso, mas existem outras que são geradas em momentos de desequilíbrio cósmico e, por isso, podemos chamar essas influências e fatos também de "acidentais" (segundos de desequilíbrio planetário podem gerar forças de tensão enormes sobre a humanidade por períodos prolongados, inclusive guerras. A astrologia explica bem essas influências).

Sabedoria significa reconhecer verdades e mentiras dentro de nós mesmos. Esse é todo o trabalho de valores que deve ser construído durante o processo de autoconhecimento. De nada vale o autoconhecimento se não estruturamos esses valores.

Somente com os valores estruturados é que percebemos aos poucos a ressonância de fatos externos como verdadeiros, ou não, para nós, e aí sim podemos tomar decisões fundadas no coração. Isto é, esse fato tem uma importância intrínseca significativa para mim ou não?

Aí entra o "agir com sabedoria", a necessidade do sacrifício, o "precisar fazer algo", mesmo que demande um esforço, ou até não fazer algo, mesmo que prazeroso.

"Sacrifício" significa "tornar sagrado", ou seja, aquela ação ou contenção torna sua vida mais sublime, seja pela própria inteireza e integridade do seu ser, seja pelo relacionamento de confiança gerado por todos que convivem com você.

Devemos aqui, antes de tudo, respeitar sempre as necessidades de aprendizado da nossa alma, o que também está intimamente relacionado com o "agir com sabedoria" e com o reconhecimento do que é verdadeiro e de intrínseca importância para o nosso ser. Essa é a direção do exercitar o desejo para, então, transcendê-lo.

Inteligência universal e conceito de unidade

Entendo por inteligência universal aquela que rege a maioria dos processos de nossas vidas, como o ritmo de uma divisão e multiplicação celular, vistas na fecundação, bem como cada uma dessas células, originalmente idênticas, assume funções diferenciadas e específicas no desenvolvimento de cada órgão no ser.

Ou será o instinto e a memória de direção e de formação de um bando de aves, ou um cardume de peixes, ou, ainda, o instinto de proteção e aprendizado dos animais de como se alimentar? O que é "conceito de unidade", então?

Será que é entendermos que estamos girando com a Terra a uma velocidade de aproximadamente 1.750,00 km por hora (a Terra gira cerca de 42.000 km em torno do seu eixo em 24 horas) e não percebermos isso? Por quê?

Ou seria querer explicar a incrível estabilidade da nossa temperatura corporal interna, perante as variações astronômicas de temperatura que acontecem no universo? Sendo que qualquer alteração de um simples grau por um tempo relativamente curto, em um ser saudável, já começa a produzir efeitos graves em sua saúde!

Claro que esses são pequenos exemplos para compreendermos que existe uma inteligência que traz equilíbrio e estabilidade a uma completa rede universal de infinitos acontecimentos aparentemente caóticos (estes, incompreensíveis pelo homem, tanto pelo coração como pela razão).

Tudo na vida é um equilíbrio perfeito de energias, forças, influências, inter-relações e interdependências.

A energia universal é inteligente e auto-organizadora, isto é, controla e corrige, com fluidez e facilidade, a complexidade de todos os processos vitais no universo. Por isso, a semente não precisa se preocupar em se tornar árvore, porque pode confiar no fluxo perfeito dessa energia. E assim é com cada um de nós. Temos, intrinsecamente, a semente da versão mais perfeita de nós, porque a perfeição faz parte da nossa natureza.

Segundo a antroposofia, o nosso corpo é sustentado por um campo energético próprio. Esse campo de cada um se estende além da pele, e podemos chamá-lo de corpo etéreo, bioplasmático (bio significa vida, plasma é o quarto estado da matéria) ou aura.

O que afeta o nosso corpo etéreo afeta o nosso corpo físico e vice-versa, ou seja, o estado energético do seu corpo produz, atrai e manifesta resultados físicos.

Esses resultados são visíveis e mensuráveis, e podemos sentir essas alterações no corpo, nas emoções, no humor, no trabalho, nos relacionamentos, na vitalidade e em nossa disposição.

A teoria da gravitação de Newton afirma que, "alterando-se a distribuição de matéria em uma região do espaço qualquer, a mudança no campo gravitacional seria sentida instantaneamente em todos os pontos do universo".

Sincronicidade é um conceito desenvolvido por Jung para definir acontecimentos que se relacionam, não de modo causal, e sim por relação de significado. "Um princípio de conexões acausais", ou seja, as coisas não acontecem por acaso.

A tudo isso damos o nome de inteligência universal.

Devemos ter a humildade de saber que nunca conseguiremos explicar a inteligência universal.

O universo é indiferente e impessoal, às vezes dócil, às vezes hostil.

A hostilidade advém do fato de que o universo, perante toda a sua adversidade dinâmica, busca equilíbrio a cada instante através da infinidade de forças que o compõe, sem qualquer sentimentalismo (o qual é pertinente, única e exclusivamente, à vida orgânica).

Para ilustrar esse fato, imagine um globo composto por vários ímãs. Se um ímã se deslocar por qualquer motivo, por exemplo, um impacto, imediatamente após o seu deslocamento o todo já terá entrado em movimento simultâneo e imediato na busca por equilíbrio.

Cabe a nós, simplesmente, aceitar nossa ignorância perante as leis do universo, tendo em vista a ínfima porção que ocupamos nele. Isso quer dizer que o homem, através da sua racionalidade, nunca terá condição de entender como essa soma infinita de forças funciona.

O universo está em constante e eterna mudança. Precisamos nos limitar a tentar compreender o que é relativo ao aprimoramento da vida do homem na Terra.

Mesmo assim, em função de estarmos submetidos diretamente a todas as forças do universo em tempo integral, nunca teremos condições de "fechar" uma "formulinha" precisa com relação a alguns fatos da vida. Por exemplo, a compreensão do instinto animal ou o processo da memória e da regeneração, entre outros.

Quando passamos a falar da compreensão do cosmos, devido à sua infinitude, podemos afirmar que, mesmo por análise simples, quanto mais o homem conhecer, mais dúvidas ele terá — e mais angústia, claro!

Espera-se que a própria capacidade de análise do homem o traga à lucidez de se redimir perante a inteligência universal, uma realidade diferente da qual conhecemos, e de aceitar que tudo que ele precisa fazer é se entregar à relação com o cosmos não dual.

Portanto, não existe imprevisibilidade que traga caos permanente ao universo. Ele está em um equilíbrio dinâmico perfeito, regido por uma inteligência imensurável.

Agora, quando falamos particularmente sobre a vida na Terra, apesar de esta, como parte integrante do todo, também estar em perfeito equilíbrio, o homem, sem sua consciência de responsabilidade, é o único ser vivo sobre ela capaz de destruí-la.

Qual a relevância do homem para a vida, então?

Estudos mostram que, se fossem retiradas as abelhas e as formigas da Terra, dois seres aparentemente ínfimos, mas que juntos são responsáveis por mais de 90% da polinização e distribuição de sementes de espécies naturais, a vida orgânica deixaria de existir em dez anos. Contudo, se o homem fosse retirado da Terra, a vida orgânica prosperaria como nunca e "agradeceria" muito a sua ausência, tendo em vista a forma com que ele se relaciona com ela hoje.

Então, qual o motivo de o homem estar aqui? O homem é o único ser capaz de elaborar suas emoções, mas sua maior peculiaridade é o instinto. E qual é esse instinto?

O homem moderno foi contemporâneo do homem de Neandertal, e somente o homem moderno sobreviveu, apesar de o segundo ser fisicamente mais forte.

Isso aconteceu devido à capacidade de socialização do homem moderno.

O que isso significa? Ele é voltado à adaptabilidade, ao externo, ao querer!

O elo comum (que liga a mente adaptativa à mente consciencial) entre a adaptação do homem e o desenvolvimento de sua consciência é o desejo.

O desejo é a nossa ferramenta de trabalho para a evolução da consciência.

O "desejo" pode tomar conta de nós, consumir-nos, ou, através dele, podemos evoluir, ao conseguir transcendê-lo.

Para isso, precisamos estar cientes de que o homem possui a capacidade de ligar dois mundos, o mundo da materialidade, que a vida orgânica nos proporciona, ao mundo interno, da espiritualidade e de conexão com o todo.

O problema atual do homem está na relação entre essas duas abordagens, e, para isso, falarei sobre a mente que chamo de vilã e a mente que chamo de transpessoal.

Na verdade, essa diferenciação de abordagem da mente é muito conhecida no Oriente, mas negligenciada no Ocidente.

O chinês diferencia essas abordagens da mente por:

» "Yan Shen" (traduzida como "mente original"); a mente ligada ao "Wu Ji" (mundo não dual) com a qual nascemos conectada às emoções.
» "Shi Shen" (traduzida como "mente adquirida"); a mente ligada ao "Tai Ji" (mundo dual), ou seja, à

adaptabilidade, ao desejo, ao ego, a qual desenvolvemos a partir do nascimento.

Apesar de a palavra "Shen" ser traduzida como "mente", ela possui uma abrangência muito maior do que a que conhecemos no Ocidente. Ela engloba em sua concepção a energia sutil, a consciência noética, espiritual.

Originalmente, para a civilização oriental, a mente adquirida deve estar a serviço da mente original (esse conceito ainda é, esporadicamente, transmitido até hoje através das artes marciais, mas, infelizmente, muito se perdeu no Oriente nesse sentido também devido à ocidentalização de suas culturas).

Vou me servir também de nomenclaturas diferenciadas, como mente transpessoal, referindo-me à mente original, e mente vilã, referindo-me à mente adquirida, justamente em função da maneira dissociada como usamos essas duas abordagens, e é aí que residem os problemas da humanidade, causados por essa tal "mente vilã".

V – CONCEITOS DE MENTE TRANSPESSOAL E DE MENTE VILÃ

Tudo o que é produzido pela mente e transcrito em palavras produz uma exposição incrível do indivíduo, pois deixa impresso, "preto no branco", o estado atual do seu processo de elaboração interior que deveria transmitir nosso dom individual.

Em função da necessidade de esforços contínuos e dessa exposição aterrorizante (censura pelo ego), muitas vezes opta-se pela omissão para proteger-se, como forma de defesa e por medo inconsciente de eventuais críticas.

Por isso, acredito que valha a pena a experiência de se expor e aprender com esse exercício!

Mente transpessoal

A mente transpessoal é aquela que se abstém do ego e da adaptação ao meio.

A razão, usada em comunhão com o coração, não é empecilho para que o coração flua, e quebra falsos paradigmas e julgamentos (do belo x feio; do moral x amoral; do certo x errado); isso, na realidade, protegerá o coração, permitindo que possamos prosseguir livres e amparados no "chamado" caminho do coração.

Refugiarmo-nos estritamente na capacidade do amor, pela insegurança inconsciente ligada ao medo das armadilhas da mente vilã, significa abdicarmos de uma das grandes capacidades presenteadas ao ser humano e, com isso, negligenciarmos também a força desse elo entre mente e coração.

Isto é, um carece do outro, e cada um deles, no seu processo individual, fica muito aquém de exercer suas potencialidades.

Esse é o típico exemplo em que um mais um não é igual a dois. Essa é a representatividade da unidade em que o todo é muito mais que a soma das partes.

Uma importante potencialidade da mente transpessoal é a sua atividade conectada à intuição, ao espiritual, no contínuo exercício da imaginação ativa.

Além da capacidade de discernimento e síntese, também traz, pela sua natureza de união, uma característica de positivismo intrínseca à criatividade, como apontado atualmente pela física quântica.

Mente vilã

A mente vilã é a inteligência que, se permitirmos, pode alimentar o instinto humano sombrio. É aquela condicionadamente reativa e comportamentalmente sofisticada, como uma força interior de acomodação, socialização e adaptabilidade às mudanças, ao meio e à ambientação externa e indiferente a toda individualidade genuína!

E, claro, a mente adquirida, de adaptabilidade, é de natureza reativa, pois é dessa maneira que ela "ajuda" o ser a se adaptar às diferentes situações que ele enfrenta. Seria como se ela dissesse: "Aqui é ruim, então não aceito mais, não quero mais isso pra mim". Rotula e se afasta, significando constantes negações e bloqueios se não reavaliarmos cada situação com humildade.

Rotular os "nãos" significa se identificar com as negações e perpetuar esse posicionamento!

A mente é particularmente viciada no passado, porque o passado, geralmente, lhe dá um sentido de "identidade", e a partir daí cria-se um ciclo negativo e vicioso em que a mente restringe o ser cada vez mais, pois cria uma posição, uma postura permanente em cima de situações circunstanciais.

É o caso do indivíduo que não consegue exercitar a humildade de "submeter" suas decisões a uma análise pela mente original ou transpessoal, que consegue "ver com o coração" e então discernir o porquê de aquela específica situação ter sido de determinada forma sem precisar concluir e rotular precipitadamente, e de maneira rasa, toda e qualquer situação, simplesmente porque temos de ir em frente com nossas rotinas e continuar nos adaptando, da "melhor maneira possível".

É aí que todo exercício do bom senso vai sendo deixado de lado, enfraquecendo ou até perdendo nossas habilidades de avaliação, ou, pior ainda, às vezes, nos censurando pelo "não poder julgar"!

Essa coisa do "não julgamento" se tornou tão forte que perdemos a noção de que, sim, precisamos analisar as situações para saber o que queremos ou não para nós mesmos e percebermos, muitas vezes, que o resultado é dizer "eu não quero nem preciso assimilar essa negação para mim como algo permanente", sem ter que necessariamente não aceitar ou até mesmo criticar a atitude dos outros.

E, sim, dizer "estou aberto para uma nova análise na próxima ocasião que vivenciar algo parecido", sem precisar cair no "reagir de maneira inconsciente por já ter estruturado as negações em mim".

Nossa mente é encarada como a grande vilã da nossa situação atual, representada pela energia masculina inflada, presente na competitividade, na busca da eficiência e no abuso de autoridade e poder. Um querendo engolir o outro em um infinito processo de autoafirmação. O poder pelo poder!

James Lovelock diz algo como: "Não somos nem os proprietários nem os administradores deste planeta. Nosso futuro depende muito mais de um relacionamento correto com a terra do que do drama infindável dos interesses humanos".

Hoje, já temos a consciência de que a melhor abordagem não tem a ver com ser melhor que o outro, e sim com a melhor forma de compor com ele, pois cada um é dotado de potencialidades intrinsecamente distintas.

O "ser melhor" é algo incutido em nós a favor do controle político e econômico no mundo corporativo dos "grandes negócios". Essa manipulação certamente piorou com a globalização, com menos empresas controlando uma fatia maior de seus mercados respectivos.

A disputa entre dois indivíduos leva a um único vencedor, mas, na cooperação, na composição de valores humanos, todos nós saímos ganhando, ou seja, essa cooperação não vai de encontro ao interesse de algumas poucas empresas controladoras.

Vemos hoje que nossos jovens, mais do que ninguém, vivem um conflito enorme: seus corações pedem uma coisa, mas suas mentes dizem outra. Certamente, essas mentes estão preocupadas com o externo, com a aceitação do outro, da sociedade, dentro da formatação em que vivemos.

A mente vilã ou mente adquirida também é responsável pela criação de hábitos normóticos, ilusões, crenças fantasiosas e consequentes desequilíbrios psicofísicos, assim como também podem ser criados, de forma inconsciente, sentimentos de depressão, mágoa, ira e tristeza, entre outros, sempre que o indivíduo se vitimizar perante desafios e frustrações.

Esses sentimentos são também chamados de "emoções adquiridas" na medicina tradicional chinesa.

As naturezas essencialmente diferentes da mente e do coração

Como vimos, o universo não dual rege essa união da mente original ou transpessoal com o coração, ou seja, um precisa do outro.

Opostos, distintos e complementares, como dois polos, positivo e negativo, que se autorregulam e se nutrem quando unidos.

A mente adquirida é de natureza separatista, pede a separação por estar ligada ao mundo externo dual, para poder comparar, para poder escolher.

Se "deixarmos" a "mente adquirida" sozinha, à vontade, ela sempre vai para o mais eficiente, mas não necessariamente para o mais humano. E daí tantos erros cometidos no passado e até hoje. Em outras palavras, a mente adquirida não atende necessariamente às relações humanas, tanto da família quanto da sociedade.

Quando mente e coração não estão unidos em harmonia, as suas características são opostas, e as ações com bases independentes são conflitantes.

Essa comunhão é ou não é, e as consequentes ações respectivas são positivas ou negativas. Não existe meio-termo. Portanto, se não é, aumentam-se os problemas e conflitos em tudo que acontece em dissonância com essa comunhão. No universo, tudo é comunhão. Por isso, ele é não dual.

A mente original está conectada ao coração, e a mente adquirida deve sempre estar a serviço dessa união em questões éticas e em adaptações nos relacionamentos humanos (inclusive, também, no uso da lógica para tudo que é executável pelo ser humano).

Essa elaboração da mente adquirida diz respeito aos valores que temos de criar, tanto para a sociedade como para a família, e a principal chave para isso é o bom senso, através da humildade e abstenção do ego. Se não construirmos esses valores baseados no "bom senso", a mente adquirida ficará totalmente sem parâmetro, a esmo. Portanto, "bom senso" significa incluir o coração nos processos de escolhas da mente.

Quem ganha na disputa "mente x coração"?

Na terapia verbal de relacionamentos entre duas ou mais pessoas (como no caso de uma família), as frentes e forças masculinas e femininas, se tornam mais evidentes, e, portanto, gostaria de desmembrá-las um pouco neste cenário.

Por "evidentes", quero dizer, na verdade, que fica claro onde as forças "masculinas" ou "femininas" sobressaem de forma "capenga", sem comunhão, caindo na vala do comum, da "eterna guerra dos sexos". A vala das disputas intermináveis.

E quem ganha nessa disputa, racional ou emocional, mente ou coração?

Numa terapia em grupo, digamos, ainda, de família, o "ganhador" não é nem o racional nem o emocional. É aquele que estiver mais aberto para o outro, pois é nele que vai se estruturar a união das forças. Ou seja, isso não é um jogo para quem for mais inteligente. Deixe-me explicar com outras palavras.

Se a razão conseguir mostrar para o emocional que ela está certa, tudo bem. Isso quer dizer que o indivíduo que tiver a energia feminina, do emocional, bem desenvolvida e estiver preparado para ouvir e assimilar um racional coerente, estará dando mais um passo para a comunhão dessas duas energias em si mesmo.

Pelo outro lado, ocorre a mesma coisa. Um indivíduo bem resolvido, mesmo que tenha a sua energia masculina, o lado racional, mais forte, também dará um passo evolutivo, pois não deixará de ouvir e assimilar a palavra do coração.

Gosto de usar metaforicamente a imagem do guerreiro ancião, representando a energia masculina, quando o sagrado masculino e o sagrado feminino ainda viviam em harmonia.

Nessa época, o guerreiro podia ser forte e ganhar qualquer tipo de luta que, como parte do sagrado masculino, trouxesse sobrevivência e proteção para sua tribo ou comunidade e para sua família, porém a maior "arma" que sempre existiu, que realmente "derrubava" qualquer bom e verdadeiro guerreiro, era a palavra do coração, do sagrado feminino, representado aqui pela sua mulher.

Em outras palavras, o verdadeiro homem guerreiro, íntegro, jamais deixa de ouvir a palavra vinda do coração. Essa comunhão é a maior "arma" do bem, da boa guerra!

Esse cenário metafórico ilustra bem a ideia da terapia em família, pois isso não representa uma derrota. Ao contrário, isso representa um acolhimento para aquele que tem um bom racional estruturado.

Esse indivíduo entende essa linguagem do coração e é a primeira coisa para a qual ele cede e que acolhe para a comunhão. Portanto, precisamos reconhecer o sagrado de cada um.

O ser que estiver emocionalmente "travado", principalmente pela falta do lado racional estruturante, esse, sim, terá mais dificuldade de assimilação, discernimento e estruturação de novos valores em e para si.

Tal qual representado pelo órgão genital, a energia masculina sozinha, inflada, tende a materializar erros estruturais para fora, no mundo externo, do dia a dia, por falta do equilíbrio com o coração.

No caso da energia feminina sozinha, inflada, assim também representada pelo órgão genital, tende a materializar erros emocionais, internos, por falta da estrutura que a energia masculina pode trazer, como amparo.

Pelo próprio trauma inconsciente que nos levou a um sagrado masculino renegado, hoje, infelizmente, alguns consideram como sagrado masculino bom aquele que não atrapalha o sagrado feminino.

Tomar essa abordagem não é falar sobre qualidades do sagrado masculino em si, mas simplesmente sobre como ele deveria ser para permitir que a energia feminina, com suas qualidades, se manifeste de maneira liberta.

Esquecem-se de que, como afirma o taoismo, essas duas energias se autorregulam — uma nasce e cresce da outra. Uma não existe, de fato, plena, sem a outra.

A proteção que o sagrado masculino guerreiro sempre trouxe, até mesmo como amparo ao coração, está deturpada e enfraquecida.

Na relação entre ambos, assim como o sagrado masculino não deve representar somente o símbolo fálico e a fertilidade, mas viabilizar a estrutura interna no outro, o sagrado feminino também não deve representar só o lado da sedução, mas sim viabilizar a amorosidade através do outro. Nesse caso, os dois se sentem fortalecidos e realizados em comunhão!

VI – A LÓGICA DUAL E O CONFORTO QUE OS GRANDES MESTRES PRODUZEM

Distingo "raciocínio" de "lógica linear" porque a mente ou razão traz elementos aleatórios o tempo todo, queira por introspecção, queira por estímulos externos, isto é, o raciocínio está presente em todo ser humano, em tempo integral, porém a lógica linear (daí a expressão "linha" de raciocínio) é algo a ser elaborado, desenvolvido.

A lógica linear, quando aplicada aos sentimentos e emoções, traz o potencial de produzir clareza e um conforto interno enormes, tanto para aquele que verbaliza ou escreve, quanto para aquele que ouve ou lê. Esta é a capacidade dos grandes mestres: produzir uma lógica linear ao falar sobre sentimentos e emoções!

Só para elucidar melhor, quando falo em lógica linear, obviamente, não estou me referindo a uma linha reta. Esse percurso linear pode ser desde uma espiral evolutiva ou até metaforicamente falando, uma linha de costura que une pontos e partes, mesmo que por um trajeto irregular, mas, também, com coerência e uma direção evolutiva.

Claro que a lógica dos grandes mestres produz conforto porque, pelo fato de fazer associações coerentes ligando sempre só um lado de cada escolha que temos (do sim ou do não), os grandes mestres acabam com a nossa angústia de estar dos dois lados ao mesmo tempo, sem definição. Ou seja, eles definem por nós, e, quando os compreendemos, aquilo nos traz uma sensação de estarmos resolvidos, de sabermos onde estamos pisando.

Portanto, é de nossa exclusiva responsabilidade, perante a evolução humana, não negligenciar nosso potencial racional e elaborar as nossas emoções!

VII – A ENTREGA AO TODO

O "ser" no "não ser"!
Quando direcionamos o nosso foco de desenvolvimento ao que nos cabe e entregamos com fé ao cosmos o que por ele é regido, economizamos energia e produzimos um estado de serenidade que nos permite começar a desfrutar do sentimento de plenitude.

A unidade cósmica é a própria transcendência da dualidade, das polaridades. É o todo, o absoluto, a plena luz. Onde não existe tempo nem espaço. Onde sujeito e objeto são indissociáveis. A completa unidade entre eu e universo.

A vivência da unidade traz sentimentos de paz, de confiança e de entrega, e resulta em desapego, serenidade e harmonia.

A não identificação com sentimentos (situações ou atitudes circunstanciais) possibilita uma percepção mais ampla e adequada da realidade.

Huxley diz que, "quando há uma mudança no ser do conhecedor, há uma mudança correspondente na natureza e na totalidade do conhecido" (Huxley, 1973, p. 2).

A metafísica reconhece uma divina realidade substancial ao mundo das coisas, vidas e mentes.

A psicologia encontra na alma algo similar à divina realidade como encontrado nas histórias de povos primitivos e nos cernes das religiões.

A espiritualidade recupera o humano em sua inteireza, conceito que sugere um estado harmonioso e saudável da vida humana, levando ao restabelecimento da unidade com o cosmos.

A vida espiritual é parte da nossa vida biológica — é a parte mais elevada.

Somente o espiritual cria a unidade antropológica — a dimensão espiritual da psique.

VIII – A SOMBRA DA ENERGIA MASCULINA

A energia do trabalho e a política

> *Uma pessoa próspera não tem medo da escassez. Ela é sempre generosa, e sempre dá com alegria, torcendo para que o outro faça bom uso, para que ele seja feliz. A avareza é um desdobramento do medo. É uma trincheira que o medo da escassez usa para se esconder. Ela alimenta a ideia da falta e de que você é um "eu" separado. Mas, se você está vibrando na confiança, você sabe que é possível ser próspero junto com o outro, porque percebe que as possibilidades são infinitas.*
>
> SRI PREM BABA

Trabalho é importante em termos de troca de energia.

Todos devem ter o mesmo grau de liberdade de ação e execução?

Existe hierarquia em absolutamente tudo, desde a configuração de uma tribo até o âmbito espiritual, quando falamos de seres ascencionados. A habilidade de cada um é intrinsecamente diferente em cada área. Quando estamos falando de vários indivíduos num mesmo setor (seja em suas respectivas empresas, seja dentro de uma mesma empresa), por mais habilidosos que sejam e que estejam, de fato, na sua área de vocação ou dármica, sempre existirão níveis diferentes de habilidades para tarefas específicas. Então, cria-se uma hierarquia por si só. Ou seja, isso faz parte de uma energia de troca, inclusive monetária.

Essa hierarquia natural integra um processo de desenvolvimento da consciência humana quando falamos de dons naturais.

Claro que devemos buscar condições iguais para todos, mas precisamos também desmistificar fantasias e preconceitos criados por falta de estruturação de valores e aceitar que diferenças existem naturalmente, independente de classes sociais.

Então, é possível um ajudar o outro em áreas diferentes em um processo colaborativo horizontalizado, mas, quando vemos o cenário de uma mesma área, a hierarquia vertical é inevitável.

Não faz sentido não querermos olhar para isso. Devemos, sim, aceitar essa peculiaridade natural e funcional do ser como parte da expansão da consciência para não sofrermos ou criarmos ilusões e angústias.

Essas hierarquias existem entre quaisquer dois seres do reino animal, sendo estabelecida pela diferença, por exemplo, de velocidade, força, destreza ou adaptabilidade funcional.

Porém, quando falamos sobre o intangível no reino humano, tal como a produção de ideias, de pensamentos, da criatividade ou, até mesmo, de habilidades artísticas, aí, sim, a visão é outra, porque a subjetividade de gostos por gestos, posturas, poesias, timbre de voz ou, ainda, pinturas não segue uma hierarquia, e essas atividades, até mais do que quaisquer tarefas funcionais de execução no mundo prático, são de uma grandeza ainda maior no processo de expansão da consciência humana.

Gosto muito da frase cotada por um amigo: "Quando a arte deixar de ser relevante, assim também será a humanidade".

É nessa base que já estamos vendo várias comunidades se desenvolverem pelo mundo de forma horizontalizada e sobre a qual a economia colaborativa deve crescer daqui em diante.

Portanto, não é o fato de estarmos em um sistema econômico de uma ideologia específica que fará a grande diferença, e sim o fato de ser proporcionada a cada um a possibilidade de expansão da consciência através dos seus dons naturais.

MOMENTO POLÍTICO E HUMANO NO MUNDO CONTEMPORÂNEO

Admito que as condições de vida para muitas pessoas no mundo possam despertar revolta. Não é nada fácil para a grande maioria. Precisamos olhar de frente para melhorar essas condições para todos.

Não precisamos de extremismos capitalistas ou comunistas. Não podemos querer homogeneizar a condição para todos, pois estas são diferentes pela própria natureza de cada um e de cada local, mas também não podemos deixar de viabilizar o desenvolvimento em todas as regiões.

Sinto que há um trauma, uma ferida aberta não cuidada. Um trauma, como qualquer outro na vida, que permanece quando não damos a atenção necessária.

Falar em qualquer tipo de partido ideológico sempre vai causar tremores em uns ou outros, independente do ser humano que estiver à frente desse partido.

Isso é estranho, não é? O partido à frente do ser? Está na hora de formar um "partido consciencial", longe das ideologias passadas.

Já estamos entrando em novos tempos. Espera-se que o ser humano já esteja atingindo uma expansão de consciência mais humanitária. Precisamos curar esse trauma, romper os tabus pelas diferentes frentes ideológicas.

Não existe nada mais ultrapassado do que ser de direita ou de esquerda.

No final da história, o que está em jogo é a elaboração de valores essenciais e o desenvolvimento de uma sociedade mais humana que se dirija verdadeiramente à entrega de condições saudáveis e oportunidades legítimas para todos.

Qualquer abordagem que negligencie isso é a sustentação da hipocrisia por interesses egocêntricos e está certamente fadada ao fracasso e às postergações de soluções efetivas, com enorme desgaste e disputas infindáveis entre os "inclusos" e os "desconsiderados" pela sociedade.

Claro que não pode haver opressão entre classes. Negar uma realidade não faz com que esta deixe de existir.

Ou seja, não é pela seletividade de um sistema, erradicando população vulnerável, que entraremos numa trilha evolutiva.

Claro que não podemos mais viver sem trabalhos sociais priorizando uma economia eficiente, mas também não podemos aniquilar a economia negligenciando o fato de que existem muitas conquistas que devemos preservar.

Organizações internacionais como a ONU, o Banco Mundial, o Fundo Monetário Internacional (FMI), o Banco Interamericano de Desenvolvimento (BID) e a Organização para a Cooperação e Desenvolvimento Econômico (OCDE), que frequentemente conduzem pesquisas e publicam relatórios sobre corrupção e seu impacto econômico, estimam que somente o montante de dinheiro desviado através de corrupção no mundo poderia ter um impacto decisivo na melhoria das condições de vida das comunidades carentes em todo o mundo com investimentos sociais em saúde, educação, habitação e infraestrutura, pois esse dinheiro desviado, sozinho, poderia suprir todas as necessidades básicas da humanidade por várias vezes ao ano.

Devemos aos poucos ir ajustando a economia e priorizando sempre as necessidades sociais, agindo de maneira muito cautelosa, pois são várias necessidades muito delicadas. Por exemplo, não é reduzindo a maioridade penal que resolveremos assuntos que têm sua origem na ausência de muitas coisas que deveriam suprir as necessidades essenciais do ser. Essas são medidas paliativas, típicas da visão ocidental, que quer sanar o efeito sem olhar a causa. Puxo aqui pela responsabilidade do ser, tenho a visão tradicional da economia como fadada ao fracasso. Aquela ideia de "tudo pelo dinheiro" já deveria ter ido há muito tempo.

O que precisamos é buscar uma troca progressiva do "controle de poder de empresas que monopolizam mercados de massa e sem qualidade" (e existem muitas no mundo) por "empresas que tragam qualidade de vida em seus produtos e serviços".

Penso que devemos parar com a "intelectualidade política" de querer explicar a política através da própria estrutura política. Como poderia a política ser explicada ou compreendida pela própria política?

Isso, claro, é querer viver num emaranhado de ilusões — uma Matrix dentro de outra Matrix, ou seja, mentes criando suas próprias ilusões. O valor humano deve estar à frente de tudo!

O voto é uma das nossas principais atuações em prol da sociedade no aqui e agora desse mundo material. Se não nos abrirmos para tentar compreender e tomar consciência da situação como um todo, pouco será feito de maneira efetiva para uma mudança.

Estamos em outro momento da história humana e precisamos acreditar nessas mudanças verdadeiras de valores, ou também estaremos nos enganando e nos fingindo de altruístas, quando a vida, esporadicamente, nos permitir ser e direcionar algum tempo para "cumprir esse papel" e aliviar o peso daquilo que não temos, de fato, a menor intenção de mudar no nosso ser.

Acredito no homem e na evolução, e uma visão mais humanista tem sido o tom em muitas frentes.

O poder do voto está em forçar políticos a revisitar e rever ideias e conceitos. O voto deve ser o compartilhamento horizontalizado do poder.

Para isso, precisamos fazer nossa lição de casa e entender onde estamos, do contrário, tendemos a achar que a democracia, por si só, é um processo de empoderamento progressivo, mas, na verdade, por falta de autoconhecimento, ficamos patinando, desnecessariamente, por longos períodos.

Assim é com o indivíduo, assim é com a sociedade. Claro, a sociedade só é um reflexo da soma de indivíduos. Devemos esperar que, uma vez eleitos, os governantes sejam responsáveis, aceitem e componham boas ideias antigas com novas, sem privilegiar partidos ou pequenos grupos no poder. Não fez, o povo tira e não o elege mais. Esse é o direcionamento que podemos imprimir, reforçando cada vez mais os valores éticos.

Independente de classe social, todos nós devemos estar preparados para entregar, assumindo um papel com consciência nesse processo democrático.

VIDA ARTIFICIAL, ÉTICA E ILUMINAÇÃO

Para mim, iluminação é a compreensão de tudo que nos envolve como um ser de luz na terra.

Acredito ser possível atingi-la, mas hoje esse processo inclui outros contextos além do emocional, tal como a elaboração e a estruturação de valores éticos, principalmente para aqueles que vivem em relacionamentos e convívio intenso em sociedade.

Em outras palavras, quanto mais afastados da natureza e mais artificialmente vivermos, mais valores éticos de relacionamento precisaremos estruturar.

Enquanto esses valores não estiverem bem estruturados, os conflitos internos continuarão, por mais que não queiramos olhar para eles.

Essa compreensão tem, claro, ficado cada vez mais difícil para a maioria da civilização (por vivermos em uma escalada artificial ascendente e longe da natureza), pois ela engloba valores éticos a serem incorporados e estruturados nessa "compreensão suprema".

Civilizações ancestrais conseguiam atingir esse estado iluminativo de compreensão com muito mais facilidade e quantidade de indivíduos (por não terem de lidar com tantos fatores éticos), aumentando, assim, o padrão vibracional dessas comunidades.

A "compreensão suprema" deve estar longe de tentar explicar a mente através da razão. Como seria isso possível? Explicar a "razão" pela própria razão?

Apesar de o cérebro consumir 20% do nosso sangue e 25% do nosso oxigênio, ele não tem poder para entender a si mesmo. Que dirá então entender o universo!

A "compreensão suprema" passa, hoje, não somente pelo quesito emocional, mas também pela necessidade de uma educação multidisciplinar. Aí, sim, poderemos alcançar um estado de compreensão da nossa realidade.

Essa visão colocará o homem na trilha de expansão da consciência como sociedade, e, infelizmente, para muitos, isso não será possível sem passar pela reestruturação da economia e da política, pois estamos todos, forte e impreterivelmente, submetidos a essas frentes.

A comunhão de tudo que vivemos até hoje nos dá a direção de desenvolvimento social, ou seja, a combinação das qualidades do mundo ocidental e do mundo oriental, do capitalismo e do comunismo, pois é impossível negar e aniquilar qualquer uma dessas "facetas" da humanidade.

Para o ocidental, essa estruturação é imprescindível. A construção de valores é o que fará o homem conseguir unir de maneira ética toda a tecnologia a seu favor, tendo a Terra como o primeiro foco.

Tradicionalmente, para o oriental, a compreensão da estrutura mente-coração sempre foi importante, e, quanto maior o desapego por tudo, melhor, pois "sem memória" e "sem história" sempre significou "sem sofrimento".

Várias linhas do budismo trabalham a compreensão pelo lado emocional do ser. Os monges tibetanos, por exemplo, têm uma abordagem bastante racional nesse sentido, por isso ela foi bem acolhida no Ocidente.

Outras linhas, devido à sucumbência perante a eterna avalanche emocional que o homem vive, preferiram adotar o desapego emocional, que pouco tem a ver com a evolução de fato do ser, e sim com maior clareza de decisões e ações, além de mais serenidade e passividade quanto às próprias emoções.

Claro que essa postura tem um valor enorme no que tange à serenidade, à preservação de uma postura centrada, clareza de pensamento, presença e capacidade de foco na tomada de decisões em relação aos diversos desafios que o homem enfrenta no seu cotidiano, mas visa a continuidade de eficiência da economia como prioridade.

Essa linha de desapego é a tomada de posição do método *mindfulness*, por exemplo, tão famoso por sua objetividade e eficiência em relação aos fatos da vida, e, claro, aceita pelos controladores e detentores do poder.

Apesar do altíssimo ponto positivo que essa linha de meditação, assim como várias outras, tem de promover insights sobre sentimentos, crenças ou negações, muitas vezes esses insights são desconsiderados em função da própria abordagem de opção pelo desapego emocional, ou seja, não prioriza a evolução do indivíduo.

Com essa abordagem de desapego emocional, poderemos continuar sendo "eficientes" no dia a dia sem que o fato de já ter sucumbido às emoções nos afete de forma gritante na nossa rotina, porém, como veremos, perdemos, sim, no que tange ao caminho evolutivo da humanidade.

Se pensarmos na linha do controle de poder, bem representado por grupos como o Clube de Bilderberg (acho que vale uma pesquisa sobre esse "clube" por aqueles que não o conhecem), o estilo *mindfulness* é a formatação ideal e mais adequadamente vendável à demanda cada vez maior dos interessados por uma linha, digamos, "alternativa", pois o método, por si só, aumenta a eficiência do ser, porém potencialmente o desprovê do interesse pela cura e evolução pessoal, ou seja, essa abordagem "alternativa" não atrapalha a perpetuação do cidadão comum como ser dominado e controlável por governantes.

Veremos que "olhar" para as nossas emoções é essencial se queremos a formação de seres mais íntegros, humanos e preciosamente livres e interessados na evolução da relação entre homem e mulher e da sociedade como um todo.

Se observarmos as civilizações ancestrais, veremos que a relação entre homem e mulher era muito fortalecida, e a sociedade era balizada por essa relação como força motriz. A força positiva e construtiva dessa relação é imensurável.

A CIÊNCIA E A CULTURA SEGMENTADA

Sei que aqueles que desenvolveram grandes e importantes descobertas através da ciência estiveram conectados com sua intuição, com seu eu mais íntimo, para que conseguissem desenvolvê-las.

Qualquer um que percorra um caminho novo precisa estar inspirado pelo divino e canalizar, assim, a materialização dessa "visão".

Refiro-me aqui às grandes descobertas, e não à manipulação de processos que chegam a um resultado, empiricamente, por erros e acertos.

Um dos fatos que nos desconectam com o divino é a busca de eficiência e de competitividade.

A partir da "mordida na maçã", da formação do ego, da individualização, o homem começou o seu processo separatista.

Desse ponto, a vida já não é mais um belo e suave fluxo de sentimentos e emoções, e o homem, antes mesmo de qualquer descoberta científica, iniciou a desconexão com o divino, dando ênfase cada vez maior à tarefa de atender seus desejos e suprir suas necessidades. O desejo pelo acúmulo de alimentos e de riquezas eclodiu desde tempos primordiais para atender as necessidades de conforto, segurança ou possibilidade de descanso; é o que despertou o homem para a competitividade e a eficiência. A avareza!

Portanto, a visão exteriorizada e o consequente distanciamento das nossas potencialidades não foram iniciados pela ciência, mas sim agravados por ela, pois facilitou a dependência e a simbiose do homem nas relações que proporcionam a sua manutenção nas zonas de conforto.

Para aqueles que simplesmente só usam as descobertas da ciência no seu cotidiano, ela provoca uma automação, uma desconexão com seu interior.

A ciência, com seus estudos reducionistas, fragmentados e separatistas, nos aproximou mais racionalmente do mundo material, do mundo exterior, provocando, consequentemente, a nossa desconexão interna com o divino.

A linguagem, por sua imprecisão, fez parte desse processo de distanciamento do eu, nunca conseguindo representar a realidade de fato e criando espaço para mais dualidades e dúvidas.

Essa busca externa está não somente nos estudos científicos, mas também em tudo que a sociedade, desenvolvida pela ciência, nos proporcionou, ou seja, nos divertimentos em geral, nos "hobbies", no consumo de produtos e serviços e nas paixões induzidas pelo mundo visual através dos anúncios publicitários.

A mesma internet, com suas redes sociais, que potencialmente aproxima pessoas (inclusive na compreensão e convergência de ideias) e pode trazer boas informações e até sentimentos especiais, como um bom livro ou filme, pode também gerar um distanciamento social terrível e, em vez de sanar carências, pode criar, sim, um grande abismo interno no indivíduo. Nada pode substituir a sensação de uma expressão silenciosa ou de um toque.

A humanidade ficou doentiamente ignorante em consequência de um "homem" se inclinando, cedendo e se adaptando a um sistema reducionista, normótico, automatizado e corrompido. Sim, corrompido pela política e pelas empresas em todos os âmbitos, inclusive na saúde, nos alimentos e nos medicamentos. Um câncer de espírito. É o homem vivendo a sua ilusão de realidade. A prisão a essa ilusão é não saber de onde venho e para onde vou.

Parece que o homem espera e precisa que um evento cataclísmico aconteça como prova maior de forças universais e que lhe mostre a necessidade de mudanças. Isso seria talvez o "empurrãozinho" que a nossa civilização de fato precisa para partirmos de maneira mais acelerada para uma "nova" direção, pois isso abriria a visão até dos mais céticos dos seres, e assim voltaríamos a percorrer um caminho mais humano, para então sair um pouco do mental, do entender frio, para o "compreender" (a inteligência emocional) quente do coração, para percebermos, com humildade, que a força real do cérebro só existe em conexão com o coração.

A palavra "mundano" vem do imperfeito mundo e da forma imperfeita como vivemos, mas existe um caminho diferente e mais saudável para trilharmos.

Deixando de lado eventos trágicos e dramáticos que o homem promoveu na história, mesmo os "grandes" feitos da humanidade, definidos pelo ego, pouco representam perante a realidade universal. Seu verdadeiro mérito reside naquilo que proporcionam ao homem, apurando-lhe e expandindo-lhe a consciência.

A civilização humana alcançou um tremendo conhecimento e desenvolvimento científico-tecnológico, e ainda acredito que o progresso intelecto-tecnológico virá mais rápido do que nunca visto antes.

Ainda assim, mais do que nunca, o homem também percebe suas limitações, suas incapacidades, e que civilizações ancestrais incontestavelmente alcançaram estágios de desenvolvimento que o homem atual ainda não consegue entender.

Ou seja, o homem aprecia hoje que existem muitas fontes diferentes de energia, em vários aspectos da vida (muitos deles explicados pela geometria sagrada), e que, potencialmente, estão aí para serem acessadas e propiciarem uma abordagem melhor e mais nobre de se viver.

Liberdade é se tomar consciência de tudo isso e ser autor de sua própria existência. Assumir as rédeas e conduzir a vida com as próprias mãos, e, para isso, é preciso deixar algumas coisas morrerem e dar espaço para que outras renasçam.

Acho que o homem caminha para um consenso conceitual, um meio-termo entre Oriente e Ocidente, e, na procura de uma ética comportamental, tentar integrar toda a nossa tecnologia com a dimensão do sagrado; ir em busca do caminho interno, do conectar-se, do religar-se e usar a paz interior como ferramenta para irradiar algo essencialmente bom, partindo de nós mesmos.

SAÚDE X ECONOMIA

Nossa capacidade pensante está intimamente ligada à nossa alma, e, para que nossa alma se manifeste, é preciso haver afeto, amor.

A alma atua como um canal de comunicação entre o corpo físico e o espírito, tornando possível o ser animado (com *anima*), em que:

» O corpo físico tem as percepções dos cinco sentidos.
» A alma tem as demais percepções metafísicas com a fonte espiritual (isto é, criação, amparo, intuição, lucidez), a qual, em equilíbrio, resulta em leveza, bom humor, gratidão, amor, evolução compartilhada, ou seja, estado de graça.

Um ser equilibrado animicamente vive afetiva e efetivamente no aqui e agora.

Um ser com a *anima* em desequilíbrio vive da ilusão, não se baseia nas intuições e se deixa levar por interferências polarizadas de pensamentos, racional x emocional, que resultam em densidade, medo, ansiedade e angústia. Tal desequilíbrio anímico nos leva às doenças no corpo físico.

A medicina alopática interpreta a doença como causa advinda de fora do paciente, impotente diante da ação de micro-organismos, ou então como resultado de uma imperfeição da natureza; colocando, em ambos os casos, o doente como uma vítima das circunstâncias.

Precisamos compreender que o ato de vitimizar-se representa permanecermos em um estado de escassez e que a autorresponsabilidade nos leva à abundância!

Livrar-se dos sintomas sem compreendê-los, sem assimilar a natureza da mensagem da doença, só irá adiar a transformação e a evolução do ser.

As medicinas milenares, como a Ayurvédica e a tradicional chinesa, interpretam a doença como desarmonias e desequilíbrios do ser como um todo (*holos*).

Nesse todo holístico, avaliam-se sintomas no físico, mas também no metafísico (meta = além; físico = matéria), ou seja, mental, emocional, afetivo, energético, espiritual e suas interações.

Tais medicinas milenares defendem também que a saúde plena do homem depende da sua capacidade de percepção amorosa dos desafios de sua existência e sua inter-relação com o universo, e acredito que é nessa direção que vamos caminhar como sociedade.

Para essas medicinas milenares, as doenças ganham espaço e força quanto mais essas percepções sofrem interferência dos desequilíbrios psicoemocionais, ou seja, quanto mais essas percepções são imaginárias ou iludidas.

Como afeto, gratidão, bom humor e harmonia são qualidades espirituais, torna-se evidente nessas medicinas que é o espírito que organiza a matéria, e não o físico que cria sua própria essência.

A doença é um mestre porque obriga o doente a parar e refletir: "Minhas ações estão centradas no afeto ou no medo? Na busca da verdade ou no esconderijo das sedações e ilusões? No silêncio ou no 'lastimar'?".

Em geral, o doente não é vítima inocente de alguma imperfeição da natureza ou de uma condição insalubre. Ele não "pegou" uma doença, ele a construiu, mesmo que inconscientemente, mas ainda alicerçado em ilusões da mente.

No caso de doença infantil, se olharmos por esse lado espiritual, esta pode ser um resgate daquele espírito que tem seu processo evolutivo a cumprir ou até o de proporcionar cura, como um mestre, aos indivíduos daquela família ou comunidade na qual nasceu.

Todos nós estamos expostos aos mesmos agressores (bactérias, entre outros) e toxinas que porventura impregnam o ambiente e os nossos organismos.

Ao mesmo tempo que o mundo é insalubre, ele também é plena luz e harmonia, portanto percebemos ou atraímos a insalubridade ou a pureza como reflexo da nossa afetividade e dos nossos pensamentos. Deixamos "entrar" aquilo que, conscientemente ou não, permitimos. Ou seja, o doente é responsável por sua doença e devemos entender a doença como um mestre que nos trará aprendizado, amadurecimento e fortalecimento, e não uma cruz a ser carregada.

Os sinais e sintomas de uma doença são a expressão física dos nossos conflitos psicoemocionais internos e têm a função de mostrar o nosso momento espiritual evolutivo.

A doença é um verdadeiro chamado para a transformação, para a cura e para o desenvolvimento em geral.

O automatismo e as normoses deixam nossos sentidos (visão, audição, olfato, tato, paladar) dormentes, e quando essa dormência se torna perigosa à evolução do ser, surgem os sintomas das doenças para voltarmos a trilhar o caminho contínuo de expansão da consciência.

A cura verdadeira nunca virá de fora. A cura das doenças não está nos remédios, mas sim na sintonia com seu ser, com seu espírito, que deseja evolução. A cura está na desidentificação com o mundo da forma, ou seja, o corpo adoece para nos reconectarmos com o intangível, com nossa alma, através da inspiração, do amor, da luz da criação.

Nesse processo, a doença nos mostra onde a nossa alma está bloqueada na percepção dos nossos talentos, dons, missão, significância na superação de desafios e na evolução espiritual.

As medicinas orientais costumam dizer que "toda doença é curável, mas nem todo paciente é", pois a cura depende da nossa consciência.

Todos os desequilíbrios são efeitos da inconsciência que não foi inspirada para o consciente.

Ironicamente, o propósito da doença é nos avisar sobre a alegria da vida, como uma amiga sincera que tem por objetivo purificar e unificar todos os corpos, não se intimidando em apontar nossos desvios. No entanto, na ilusão do homem, a doença e seus sintomas, os gritos da alma, são inimigos que devem ser rapidamente eliminados e só são utilizados para justificar-se e obter a compaixão para si mesmos.

Infelizmente, como mencionado antes, nosso sistema médico, em sua absoluta maioria, é controlado por banqueiros e financistas com objetivo econômico sobre um sistema de enfermidades e doenças e sem interesse de que esse venha a ser um sistema que gere saúde. O mesmo tipo de controle é encontrado no sistema de produção de alimentos.

Devido ao próprio sistema de "educação", temos uma porção muito pequena da população com consciência nutricional e, consequentemente, uma pressão também muito leve sobre a minoria irresponsável que controla esse sistema de produção de alimentos, e, nesse sentido, muita coisa poderia ser dita aqui sobre a massificação e a indústria de produtos alimentícios, mas certamente só quero trazer as principais linhas elucidativas de raciocínio sem perder o foco principal.

MORTE-RENASCIMENTO: A NECESSIDADE DA DESCONSTRUÇÃO

> *Se todas as coisas individuais do universo evaporassem, ficar-se-ia uma infinidade do puro poder de gerar. A raiz de qualquer coisa ou de qualquer ser, não é a matéria do que são compostos, mas a matéria junto com o poder intrínseco que nela existe.*
> RALPH WALDO EMERSON, *replicada por* BRIAN SWIMME

Primeiro, gostaria de falar um pouco sobre esse tema que carrega em si tanta formatação.

Tudo no universo se transforma, e a energia que o compõe é eterna.

A vida mental e espiritual forma um sistema suscetível de se desligar do corpo físico.

A vida individual é inteiramente integrada e forma um todo com a vida cósmica.

A consciência é energia, que é vida, no sentido mais amplo.

A evolução consciencial obtida durante a existência individual continua, e, portanto, de uma maneira ou de outra, a vida começa antes do nascimento orgânico e continua depois da morte física.

A medicina convencional em nossa cultura ocidental apresenta uma atitude normótica de negação da morte, querendo manter a vida por todos os meios possíveis, mesmo estando a pessoa já condenada a morrer.

A morte do paciente representa, para a medicina tradicional ocidental, uma derrota da ciência médica e uma ferida narcísica irreparável para os médicos.

Aí temos implícita a crença de que a morte é o fim.

Essa abordagem gera angústia, agonia (que em grego significa combate), por isso cria no indivíduo um processo de negação seguido de revolta (contra tudo e todos, incluindo médicos e Deus), vaidade e barganha ("se eu melhorar da doença, prometo que..."), impaciência, desespero (avareza e apego) e depressão, para só então, depois de muito sofrimento, entrar no estágio de consentimento e aceitação.

Dessa forma, impede-se que a pessoa viva humanamente a sua morte, com a dignidade de que este pode ser, potencialmente, um dos momentos de maior elevação de consciência nas nossas vidas.

Lembro-me muito bem da minha avó, um ser de inteligência emocional impressionante.

Apaixonada pela vida, pediu para que a deixasse morrer e vivenciasse aquele momento de "transformação" assim que percebeu que era a sua hora. Que sabedoria!

É fundamental para o acompanhante da pessoa que está próxima da morte permitir que ela perceba que possui algo que independe do espaço-tempo.

Nesse momento, o acompanhante conecta-se com o anjo da generosidade e da humildade.

Aqueles que estão ao lado da pessoa próxima da sua passagem a reverenciam com amor e demonstram sua gratidão por terem vivido ao seu lado e, amorosamente, a convidam a ir em direção da luz.

É a oportunidade da morte de toda ilusão e do ego, ou seja, um momento revelador de estados não ordinários de consciência que pode contribuir, segundo Jung, para a compreensão e transformação de estados e processos psicóticos. Um momento de transformação e purificação.

A aceitação, o consentimento, faz com que o paciente aproveite a oportunidade de crescimento de consciência e vá, sem desvio do alvo (harmatia em grego), para a sua luz, percebendo-se, então, que o rosto do paciente se ilumina e o olhar torna-se sereno. Elisabeth Kübler-Ross afirma em seu livro, *Sobre a morte e o morrer* (1969), que é como se a pessoa tivesse ressuscitado antes de morrer.

A consciência daquele que morre é maior que a do corpo que acaba de morrer, pois, na hora da morte, entramos em uma consciência sem objetos, sem limites, sem dualidades. É a experiência do vazio, um espaço desconhecido a atravessar.

O medo do desconhecido, do sem limites, faz com que queiramos olhar para trás e nos apeguemos às parições próprias das projeções (sejam imagens arquetípicas ou não, por entidades iradas ou pacificadoras, luminosas, fascinantes ou desagradáveis), pois se trata de uma travessia pelo inconsciente cósmico (das divindades benevolentes e iradas que correspondem ao mundo dos anjos e demônios), o qual nos mostra tudo o que foi recalcado em nossa existência (fatos negativos e positivos), assim como também as sombras familiares e coletivas podem emergir nesse estágio de transição.

O problema no momento da morte é igual ao que enfrentamos no nosso dia a dia, ou seja, a identificação com imagens do nosso espaço-tempo enquanto deveríamos, ou devemos, reencontrar ou encontrar nossa serenidade e a equanimidade para o caminho do despertar, para a clara luz, para a verdade, que em grego é *aletheia*, significa sair do sono, da letargia, da ilusão.

É a morte como uma sequência de provações que acordam a consciência.

Como para os ocidentais a palavra vazio tem um sentido negativo, de depressão, este se transforma em um abismo, um turbilhão que enche algumas pessoas de medo. Leloup explicava esse sentido de vazio como sendo um espaço que contém todas as coisas e que nos conduz para o silêncio da inteligência do coração, tal qual a meditação.

Por isso é importante, em vida, compreendermos essa sensação e cativar a via do silêncio em nós, por um ato de disponibilidade, assim aceitamos essas experiências culminantes com mais serenidade, ou seja, sem o medo da clara luz, do silêncio, do vazio.

Como acontece no caso da visão da "morte-renascimento", na maioria das vezes precisamos desestruturar muitas coisas formatadas em nós, de uma maneira ou de outra, para, então, conseguirmos transformá-las.

Desconstruir-se é um ato de coragem, pois certamente nos levará a um período de desconforto até que tenhamos reestruturado o que nos é básico e essencial novamente. Um renascimento.

IX – O GRANDE TRAUMA

A separação do homem e da mulher

Rupert Sheldrake diz que a natureza vivia em harmonia até aproximadamente 4-3 mil anos a.C. (início da era de Kaliuga), quando os acúmulos de riquezas das produções agrícolas começaram a gerar as disputas pelo poder, e a dominação masculina substituiu a antiga e harmoniosa paz social.

Isso soa como evidência histórica de que nossas doenças têm origem na dominação masculina. Isso também dá apoio à esperança de que as coisas poderiam ser diferentes. Um tipo diferente de sociedade realmente existiu e poderia voltar a existir.

A ganância, a avareza, o desejo em adquirir bens materiais e o apego por acumular riquezas foram o primeiro passo desvirtuado do homem em relação à sua trilha do bem.

O lado da amizade, do coração, da humanidade, da compaixão pelo outro, da intimidade e do amor foram desvirtuados pela ganância.

Tal eficiência gerou conforto, segurança e, claro, por outro lado, muita segregação e problemas crescentemente infindáveis de relacionamentos e sentimentos.

Foi nesse momento que a grande sombra do homem (as segregações em grupos com erros incessantemente crescentes de competitividade e atos corruptivos ao ser de luz que originalmente somos) começou a aflorar sob o endossamento escuso de um suposto lado "moral" e bom do ser humano, a título do coração, da amizade, da proximidade cada vez mais íntima de irmãos de sangue.

Portanto, assim que o convívio ético deveria começar a entrar em jogo, o homem, por falta da estrutura de valores ainda desconhecidos por ele, não segurou a "onda", e sua "mente adquirida" não se submeteu aos valores essenciais da "mente original" e deu seus primeiros passos com a "mente vilã", que só ganhou espaço cada vez mais ao longo dos anos.

Foi a partir do final dos anos 1960 e início dos anos 1970 que a mulher também entrou nessa onda da competitividade e começou um distanciamento cada vez maior entre homem e mulher sob o efeito da sombra da energia masculina em ambos.

Ou seja, o lado bom da emancipação sexual também trouxe o aumento da rivalidade entre os homens e as mulheres. Foi então criado um clima de competição que atiçou tudo o que tinha de ruim no ser humano.

Já existe uma consciência ampliada a este respeito e uma consequente rejeição à forma com a qual a humanidade formatou nossa sociedade baseada na energia masculina exacerbada, ou seja, sob a estrutura da segregação, da competitividade, da escassez e do medo.

Uma reação a tudo isso está nos levando ao extremo oposto, em que a mente é rejeitada e se acredita que tudo pode ser atingido a partir estritamente do coração.

Com isso, o homem e a mulher têm se distanciado cada vez mais, dando-nos a impressão de termos nos engajado em uma eterna guerra dos sexos e com uma percepção de quão longe a humanidade ainda está de aceitar uma abordagem equilibrada entre as duas energias.

Claro que por "equilíbrio das energias masculina e feminina" não quero dizer absolutas "proporções iguais". Como dito, esse equilíbrio é particularmente diferente em cada um de nós, com uma tendência geral dos homens a terem a energia masculina um pouco mais em evidência e, ao contrário, das mulheres a terem a energia feminina em uma proporção um pouco maior.

O começo do caminho é a aceitação da interdependência das duas energias no homem e na mulher e de que ela, como tudo no universo, pertence a um ciclo de autoalimentação e autorregularização para que nenhuma das partes (ou energias) escape para um extremo. Esse é o conceito taoista.

Precisamos dessa união e desse equilíbrio para iniciarmos um processo de desestruturação de tudo que vemos de errado na sociedade e, simultaneamente, partirmos de uma base saudável para a construção de uma nova forma de nos relacionarmos.

Em geral, encontramos pouca qualidade de vida na forma em que vivemos, principalmente se falarmos em termos de benefícios comuns ou bens comunitários.

Se há algo de bom para onde olharmos, é para essa união homem-mulher e todo o caminho que temos a percorrer a partir dessa real união.

Portanto, não se trata de disputa de poder, seja ele material ou esotérico.

O ser humano, baseado somente na energia masculina, "acha" que um dia será capaz de reproduzir a vida em laboratório e, baseado somente na energia feminina, "acha" que não existem limites entre criador e criatura e que um dia poderemos ser o próprio criador.

Obviamente, o homem, querendo alcançar algum conforto para si, continua criando suas ilusões nos dois extremos: de que, um dia, poderemos ser Deus e entenderemos tudo.

Fica nítido como a energia feminina vem despertar a energia masculina, dizendo: "Escuta, você não pode separar nada de nada, pois tudo se inter-relaciona".

E a energia masculina vem dar direcionamento à energia feminina, dizendo: "Acorda, existe um limite de compreensão dentro do ciclo espiritual a que pertencemos e que envolve a nossa vida orgânica".

Parece-me bem claro que o caminho é a comunhão entre as duas energias. Isso significa, inclusive, a comunhão mente-coração e a necessidade do perdão em relação à energia masculina inflada que cometeu tantos erros no passado.

É um trauma forte e profundamente embutido no inconsciente coletivo e que precisa ser perdoado.

Um trauma como outro qualquer que precisa ser curado, independentemente de os erros continuarem a ser cometidos no momento, para que tenhamos uma abordagem saudável do ser daqui em diante.

A energia estagnada por esse trauma nos impede de evoluir, de expandir nossa consciência para além do "ora mente, ora coração" e de transcender para a comunhão e a harmonia.

O pior não é "ora mente, ora coração". O maior problema é o conflito que isso causa, porque os dois não estão alinhados. O coração, sozinho, pede uma coisa, e a mente, indiferente ao coração e ligada ao externo, diz exatamente o oposto que o coração precisa ouvir. O conflito cresce a cada dia.

Mesmo que lidemos com tudo através da amorosidade, como sendo o lado positivo da energia feminina, essa abordagem estará incompleta e desfalcada de outras capacidades reais do homem, e estaremos mais uma vez vivendo à sombra de uma outra faceta do Ser.

Tanto o homem quanto a mulher não estiveram preparados para olhar de frente para essa aceitação e comunhão, mas acredito que boa parte da humanidade já esteja preparada para ingressar nesse trajeto de união. Outra parte ainda terá de estruturar em si o real perdão à energia masculina exacerbada para conseguir transcender esse trauma e construir esse equilíbrio das energias, sem ter de, necessariamente, vivenciar o processo da reatividade e da sombra do extremo oposto.

Essa reunião resgatará a humanidade de toda a visão segregada aplicada a todos os lados da sociedade, desde o lado cultural, o científico, até a educação e a saúde.

Como já mencionei, o Ocidente foi o principal responsável por todo esse separatismo, mas ainda conseguimos compreender os conceitos dessa união, principalmente através das ricas culturas deixadas pelos anciões orientais e asiáticos.

Isso nos trará ao caminho da abundância do compartilhamento em oposição ao da escassez provocado pelo processo de segregação, e, apesar de já haver muitos núcleos relevantes e expressivos atuando efetivamente nesse resgate e reconstrução, ainda temos muitos indivíduos céticos e acomodados no sentido de compreensão da necessidade dessa nova conduta.

RETROPERSPECTIVA

Os anos 1960 nos trouxeram uma tentativa de resgate da união entre homem e mulher, mas, infelizmente, o ser humano não teve estrutura interna para vencer as forças do poder econômico e político da época.

Obviamente, o ser humano não tinha tantos valores trabalhados e lapidados como tem condição de ter hoje, colocando a própria experiência vivida em perspectiva. Ou seja, naquela época, não se tinha a consciência de aonde chegaríamos se não olhássemos as coisas de forma humanista (claro, só agora conhecemos as consequências e o prejuízo do que já vivenciamos).

Hoje, temos a consciência de que os políticos estão ali para nos servir e de que temos a força para exigir políticos cada vez mais conscientes sobre respeito e ética, que são o que queremos para a sociedade.

Sabemos que a tecnologia deve trabalhar prioritariamente a favor da humanidade (e não estritamente a favor da economia e de acúmulos, sem olhar o homem e a terra) em todos os sentidos e áreas, mas, principalmente, nas áreas da saúde física e mental em geral.

O ser humano sabe disso e reconhece esse trauma. Ele só não quer olhar para isso, porque olhar para esse trauma é trabalhoso e doloroso. O homem, então, sustenta uma grande mentira para não precisar passar pelo desconforto da desconstrução. Novamente, assim é com o indivíduo, assim é com a sociedade.

Porém, não temos mais alternativa. A boa guerra é necessária!

A indignação fará com que a expansão de consciência seja a nossa arma.

A indignação é o que nos impulsiona em direção ao novo, ao questionamento, à reestruturação desses valores. Algo que surge da "dignidade interna" em direção à expansão da consciência. Essa é a boa guerra representada pela teimosia dos profetas para realizarmos algo de bom nesse plano material.

Portanto, o oposto de guerra não é paz ou vice-versa. Pois existe, sim, a boa guerra.

Os indignados são os "mutantes", que se colocam à marcha e promovem as mudanças baseadas no amor (os demais são os "estagnantes", que naufragam antes mesmo da iniciação, baseados no temor, representando o naufrágio do fator iniciático).

"Ser humano" é viver a *anima*, a alma, a psique, que intermedia o mundo de cima, o mundo espiritual, e o mundo de baixo, o mundo material.

É o início do colapso, de um lado, e o salto evolutivo, de outro, acontecendo simultaneamente em todos os níveis, filosofia, arte, ciência e religião, através do foco, dos esforços em cuidados, em investimento de tempo e dedicação, para a iniciação e a renovação.

É a presença do ser no ato de amar e de cuidar, tal como o respirar no aqui e no agora, utilizando o "silêncio", como o fluxo perene da "linguagem", e o "conhecimento" como a prática permanente do "eterno".

É a psique, a alma (mundo do meio) atuando como intermediário dos mundos do alto (o invisível cósmico representado pelo silêncio) e de baixo (a matéria representada pelo mineral, vegetal e animal).

É o amor do ser permeando os três mundos (*philia*, no mundo do alto; *eros*, no mundo do meio, e *porneia*, no mundo de baixo) na realização aqui e agora.

Conseguir compreender o "desejo" significa dar direção ao seu desenvolvimento.

Não conseguir administrar e compreender o desejo significa se deixar consumir por ele no mundo de baixo.

Por isso, devemos fazer o que é justo em cada momento, na boa guerra, usando nossa consciência como arma. A união da ternura e do vigor nos leva à plenitude.

O medo, a culpa, a vítima advêm da inconsciência.

A indignação do amor, proveniente da ira teocentrada, da alma "religada", das lágrimas da compaixão e do perdão, e não do ego (que deveria nos servir e não ser nosso mestre, da espada que corta e frustra).

PARTE III

O CHAMADO PARA A RESPONSABILIDADE EMOCIONAL

X – ANCESTRALIDADE

A ideia de trazer a ancestralidade como tema tem o intuito de buscar o olhar da entrega e o da essência na forma simples de viver.

A essência na forma simples é certamente baseada no convívio com a natureza, mas traz com ela também um conjunto de relações altamente elaboradas emocionalmente.

Portanto, por "simples", entenda-se como algo bem diferente de simplório, pois traz consigo uma essência construída com muita naturalidade em um momento de saúde integral da humanidade.

O contato com a natureza nos traz uma sensação natural de pertencer a ela, uma sensação de conexão. Esse estado traz a desobstrução de canais de percepção, e desenvolve-se, nesse estado, a inteligência emocional.

A relação, a interação com a natureza selvagem, nos traz para um estado de observação e atentividade.

Isso é conexão. Ela nos leva a um estado natural de percepção e de consciência.

Quando nos ligamos ao dia a dia e não estamos conectados com a natureza, ou seja, estamos fora desse estado natural de percepção, ou, se preferir, em um estado distorcido de percepção, o importante é mantermos a consciência sobre esse estado de eventual desconexão como momentâneo e circunstancial de separação, isto é, cientes de que quaisquer decisões sob esse estado também poderão estar distorcidas, e, portanto, cabe uma revisão dessas decisões em uma próxima oportunidade de uma nova entrega ao nosso estado natural e de conexão com a natureza.

Ancestralidade e espiritualidade

Primeiro, gostaria de enfatizar que acredito que a ancestralidade ou linha de gerações, assim como a árvore genealógica, não acontece por acaso.

Acredito que exista uma preparação espiritual para o nascimento ou até mesmo para a adoção de um ser mesmo antes da sua concepção.

Vou me deter aqui à visão da maternidade natural, pois, no processo de uma adoção, deve-se assumir um bom nível de conexão com o todo por parte dos pais adotivos, ou seja, um bom grau de uso de suas capacidades, por exemplo, intuitivas, para reconhecer e imprimir uma certa conotação de espiritualidade nessa adoção. Independente disso, mesmo para filhos adotivos, o inconsciente de seus pais adotivos, assim como o inconsciente coletivo da comunidade em que ele viverá, será parte do inconsciente desse novo ser em formação.

A antroposofia acredita que a mulher é desperta pelo sentimento de que um importante presente lhe vai ser concedido por vontade divina antes mesmo de ficar sabendo que terá um filho.

O importante é que essa mãe tenha uma boa estrutura para que medos e inseguranças não tomem o lugar do prazer que pode e deve acompanhar todo esse processo.

Se ela se entrega à função de mãe com dedicação a esse ser que virá, quase sempre o seu próprio conforto e sua vaidade passam para um segundo plano.

Rudolf Steiner (1996), o criador da antroposofia, diz que, da mesma maneira que o pai e a mãe se preparam para aquele processo, o espírito desse ser que chega também se preparou ao escolher seus pais, que tornarão possível sua vinda e estadia aqui na Terra.

Esses sentimentos sempre tiveram um grande significado em comunidades ancestrais, mas, ainda nos dias de hoje, existem mulheres que reportam que seus filhos parecem muito com o que haviam sonhado ainda antes do nascimento.

Quando a criança que nascerá é vista por esse ângulo, eventuais vontades de pais ou médicos, sejam por modismo, sejam por conveniência ou preconceitos, deixam de ter importância perante a atenção que é dada ao momento de escolha da criança e tudo que esta precisa aqui cumprir, pois o bebê sentirá a falta de atenção como oposição ou resistência à sua vinda, e esse sentimento poderá afetar seu desenvolvimento mais tarde.

Segundo a tradição tupi-guarani, o "nascimento" é "a palavra habitada". Como uma semente, o ser humano já "carrega" seus dons e todo o seu potencial intrínseco, desde o seu nascimento.

Devemos, portanto, reverenciar aquele que escolheu viver neste planeta através de nós, desde o momento em que ele é apenas um sonho.

Cultura anciã

Podemos aprender muito sobre as relações em família ou em comunidade com algumas culturas anciãs no mundo. Elas nos passam, de maneira natural, que a vida é hereditariamente simples.

Gerações da tribo Yawanawá.

Como disse, por "simples", refiro-me a uma estrutura de valores de vida elaborada e enxuta à sua essência, e não o simplório, sem elaboração alguma.

Da mesma forma que nossos problemas e desestruturação são passados inconscientemente aos nossos filhos e netos, uma vez elaborada, essa estrutura é passada de geração a geração, sem esforços, e cada vez mais naturalmente, como característica espiritual intrínseca da família ou da comunidade.

Com todo o turbilhão de informações e ocorrências que temos atualmente em nossas vidas agitadas, tornou-se ainda mais importante ter os valores essenciais de vida estruturados, pois, caso contrário, podemos facilmente sucumbir em nossas emoções e perder nosso eixo quando as ocorrências traumáticas ou problemas se acumulam.

Nós complicamos nossas vidas por falta dessa estrutura, pela falta de valores essenciais, valores esses perdidos em algum lugar do passado.

Qual o papel dos pais? E dos avós? Os pais devem colocar todos os limites necessários para bem direcionar esse novo ser. Esses limites têm sempre muito a ver com o respeito ao próximo e a si mesmo, delineando bem essas fronteiras na formação de sua mente (a mente adquirida, conforme abordado) desde sua infância, sem, contudo, haver a necessidade de imprimir quaisquer "proibições".

Os maoris da Nova Zelândia dizem que os avós devem trazer a imagem do novo ser para dentro do contexto maior do universo, ou seja, despertar sua visão espiritual.

Os costumes dos senóis (habitantes selvagens da Malásia) nos mostram como nossa civilização vem podando e negligenciando boa parte de uma abordagem saudável do ser.

Os senóis tinham consciência da importância de cultivar ao máximo o presente divino, a dádiva, que temos, diariamente, através dos sonhos.

Eles cultivavam, desde pequenos (literalmente com lições de casa dadas às crianças sobre os seus sonhos), como tomar decisões e chegar às resoluções a situações diversas, inclusive de tensões internas, bem como cultivavam a permanente atenção ao que o inconsciente lhes trazia, através do mundo dos sonhos, no âmbito individual e de comunidade.

Em vez de reprimi-los, trabalhavam esses conteúdos, a incubação dos temas de seus sonhos (tal como ansiedades ou angústias), com responsabilidade, trazendo, assim, o amadurecimento e o fortalecimento psíquico e a expansão da consciência individual e coletiva.

Essa responsabilidade consigo e perante a sociedade trazia o desbloqueio em várias frentes, com um livre jogo de imaginação e de atividade criativa, assegurando que o ser que conservasse boas intenções ao longo da vida para com seus companheiros e comunicasse suas reações psíquicas a eles para aprovação e críticas seria o supremo governante de todas as forças individuais do espírito, ou seja, um ser com valores bem estruturados.

Os senóis acreditavam que toda pessoa devia tentar controlar seu próprio universo espiritual, exibindo e recebendo com cooperação todas as personagens e forças nelas existentes, bem como sonhando com elas. Essas personagens e forças são reais. Quando se mostram ameaçadoras, o sonhador deve combatê-las, chamando pelo socorro de imagens oníricas de amigos, se necessário (personagens oníricas são perigosas apenas enquanto temidas). Se o sonhador vence uma batalha, como no caso de um pesadelo em que o espírito inimigo se torna seu aliado ou servo, isso poderá ajudá-lo em sonhos futuros e durante a vigília.

Como resultado do trabalho com os sonhos, eles prestigiavam a evolução do ser, e aqueles que eram transparentes com seus sentimentos e buscavam a elevação espiritual eram naturalmente acolhidos em posições com algum tipo de liderança.

Essa abordagem dos senóis, de construção de valores e estrutura da psique, nos mostra como hoje não damos valor e vivemos de maneira desconectada aos sinais que recebemos e como perdemos essa visão interior de procurarmos nos desenvolver psíquica e espiritualmente através dessa conexão com o divino.

Tenho um apreço especial à cultura indiana pela maravilhosa herança e legado deixados com as escrituras védicas, mais do que nunca presentes e atuantes no mundo de várias formas, na alimentação, na medicina, na psicologia e nas práticas físicas e espirituais através do yoga, da meditação e do ayurveda.

Jung, Rudolf Steiner e a própria medicina tradicional chinesa se basearam em muitos conceitos trazidos por essas escrituras.

Para essas civilizações ancestrais, somos nós que vivemos hoje em um estado alterado de consciência, de distorções, de crenças coletivas, de modelos mentais de escassez, de enfermidade (de saúde frágil e hipocondríacos em todos os âmbitos), e temos padrões de pensamento que reforçam preconceitos.

Uma lenda tupi-guarani também nos conta muito sobre os três mundos que formam a cadeia de criação:

» Mundo do alto (o mundo da emanação da vida), em que a emanação de luz do divino, do cosmos, é o plano de pura consciência comum a todos, o som que se desdobra e que inspira o mundo anímico do meio ou intermediário.
» Mundo intermediário (o mundo da modelação da vida), o mundo da energia, da alma, da psique humana, que, por sua vez, vibra, cria, modela

e organiza toda a natureza e matéria do mundo de baixo.
» Mundo de baixo (o mundo da manifestação da vida).

Kaká Werá diz que, olhando só o mundo de baixo, se incorre em distorções, e nasce aí o medo da morte.

Cultivar conhecimentos ancestrais é uma questão de saúde psíquica, pois conseguimos evidenciar dons tanto a nível divino quanto a nível anímico.

Curar é como afinar um instrumento. O físico em sintonia com o ser de luz.

Muitos dos nossos sentimentos são "organizados" de forma vibracional através da própria linguagem corporal e do canto. O equilíbrio de forças!

Segundo eles, devemos, sim, cultivar os sentimentos nobres: o honrar, o reverenciar e o agradecer a essa abundância que o universo nos proporciona.

O que é a materialização, a manifestação desses fenômenos, de nossas heranças e de nossos dons em última instância, senão o poder da palavra? A palavra habitada, seja ela em forma de canto, seja em forma de dança ou qualquer outro tipo de expressão.

XI – R.E.I.S. (RAZÃO, EMOÇÃO, INTUIÇÃO E SENSAÇÃO)

O rumo para o ser humano

A razão, a emoção, a intuição e a sensação formam uma linha de ação do homem como caminho para a estruturação via essas quatro funções psíquicas, proposta por Vera Saldanha na abordagem integrativa transpessoal.

RAZÃO

É o burburinho da mente abordada por pensamentos aleatórios, automáticos, involuntários e sem necessariamente ter qualquer lógica. Aquela lógica linear necessária para organizar e alinhar tais pensamentos, trazendo, assim, clareza, conforto e lucidez (luz).

Podemos chamá-la de análise, estrutura, conhecimento, sabedoria, referencial, descrição, identificação (de sinais, imagens ou armadilhas), elaboração ou comparação, sendo que esses nomes deveriam estar sempre ligados às sensações, emoções e intuições, e não meramente ao externo estético e memorizável.

EMOÇÃO

É o transbordar, o aflorar das sensações em forma de sentimentos.

Podemos chamá-la de expressão de sentimentos, involuntária, culminante, incontrolável, consequente, entre outros.

INTUIÇÃO

É uma mensagem (guiança) divina que se faz presente na brecha, na pausa da mente, criada pelo relaxamento, pela quietação.

Podemos chamá-la de voz interna ou voz do anjo, a serviço da consciência, luz, aviso, sinal ou, ainda, síntese.

SENSAÇÃO

É a percepção (interna e externa) através dos sentidos.

Podemos chamá-la de mensagens do corpo, experiências do sentir.

Aquilo que nós amamos, sabemos fazer bem e que o mundo precisa é o que determina a nossa paixão, a nossa missão e o nosso dom.

Nosso propósito de vida é determinado por aquele foco na vida que atende a nossa paixão, o nosso dom e o sentimento de ser nossa missão de vida, o que chamaremos aqui de vocação.

O ideal, claro, é que você consiga fazer disso a sua profissão também.

Esse foco é importante, e veremos aqui o que pode dar rumo ao homem.

Vejo o homem correndo atrás de perguntas que não precisam ser respondidas, o que aumenta conflitos internos, aflições e sofrimento, ao invés de diminuí-los.

Na verdade, nunca teremos todas as respostas!

Para mim, precisamos ter a humildade de que nunca conseguiremos explicar a inteligência universal, ou mesmo o que é felicidade. Será um momento de êxtase? E o que é o mal? Será a ausência do bem?

Na realidade, nada disso importa. Devemos entregar ao cosmos o que é dele, ter fé na sincronia universal que equilibra todos os processos impermanentes de nossas vidas.

Osho dizia que o homem deve saber produzir um estado de contentamento. Isso é permanência, pois, mesmo que saiamos do eixo por algum problema ou trauma, podemos retornar a ele mais rapidamente se estivermos estruturados e ainda agradecer a oportunidade de aprendizado.

Esse estado de contentamento advém do fortalecimento da nossa psique, ou seja, da sua estruturação e organização em cima dos sentimentos e emoções que vivenciamos no dia a dia.

Para isso, os exercícios são contínuos — uma tarefa diária para transformar traumas em fortalecimento interno, compreendendo-os com mente e coração e, assim, estando bem resolvidos e com nossa mochila vazia, com o nosso interior em paz, nos sentindo leve e sem empurrarmos nossa "sujeira" emocional para debaixo do tapete.

Precisamos estar "vazios" e estruturados para realmente poder ajudar o outro.

A ideia é não se perder com perguntas que não nos cabe responder, e sim focar em não sucumbir nas emoções, pois, se isso acontece, todas as capacidades do ser (R.E.I.S.) são afetadas, e entramos, assim, numa bola de neve negativa, prejudicando nossa relação com as situações do cotidiano e nossa presença no aqui e agora.

Isso significa ter o discernimento e a lucidez de compreender que há coisas que não podem ser explicadas e focar no que merece nossos esforços.

Não podemos nos perder na sensação de "cachorros correndo atrás do rabo".

Precisamos de direção! De quem? Onde buscamos essa direção? Como? A meu ver, é no raciocínio intuitivo. Algo que ganhamos do divino.

Podemos rotulá-lo de filosofia ou antropologia, mas, como eu acho que isso se trata de uma organização da psique, eu ainda preferiria chamá-lo de psicologia.

O importante é compreender o ser psíquico e não o ser físico (papel da ciência), e muito menos o ser espiritual, pois a relação entre esses corpos acontece segundo leis universais.

O nosso inconsciente coletivo permanece impresso com padrões normóticos profundos. Por isso a necessidade de caminhar com discernimento, consciência e direção.

Como disse, isso exige esforços de nossa parte. É a tal "lição de casa" que mencionei anteriormente, para não vivermos excessivamente no mundo das sensações e para tentarmos direcionar a formação do nosso corpo caloso, que é a ponte ativa de tráfego entre os dois hemisférios do cérebro e que nos possibilita ter um acesso mais efetivo ao espiritual, por exemplo, às intuições.

A primeira normose inconsciente importante que carregamos, mesmo entre os seres bem-aventurados, é a crença na ciência, sem darmos direção a ela, na esperança inconsequente de que um dia a ciência virá com as respostas para tudo.

Sem entrar no mérito de que a ciência (esteja ela ligada à espiritualidade, esteja ela ligada ao físico) está totalmente deturpada pelo poder econômico, como vimos há pouco, quanto mais a ciência — mesmo aquela que trabalha a favor e pelo ser humano — se aprofunda no conhecimento, os seus limites com o desconhecido também são, no mínimo, proporcionalmente ampliados. Ou seja, quanto mais sabemos, mais dúvidas temos. A sede de entendimento que possuímos só produz angústia, pois estamos cada vez mais perdidos entre as novas questões que aparecem!

A outra normose inconsciente séria é a normose do externo, do estético e memorizável.

Em um momento, exacerbamos nossa energia masculina com esse foco externo através da competitividade.

E agora, no outro extremo, mas ainda com a mesma normose, queremos exacerbar o feminino com a amorosidade ao outro (claro que a amorosidade e a compaixão ao outro são forças essenciais de cura, mas acredito que possamos potencializar essa cura através da nossa estruturação interna).

Temos que orientar, inclusive nosso "beija-flor interno, que leva a gota de água ao incêndio", assim como precisamos pensar antes de agir se nossa casa estiver pegando fogo.

Como queremos ajudar o mundo antes de termos amor e, de fato, cuidarmos de (darmos direção a) nós mesmos?

Confundimos muito pensamentos com memórias. Recordamos e interligamos memórias na ilusão de que estamos pensando, raciocinando, trabalhando e organizando nossas emoções e sentimentos, principalmente depois de algum acontecimento ou trauma forte em nossas vidas.

Então vamos ao foco. Antes de adentrar o diagrama da R.E.I.S., eu gostaria de fazer um breve comentário sobre a arte.

Piotr Demianovich Ouspensky (1996), em seu livro *Fragmentos de um ensinamento desconhecido*, traça um belo paralelo entre a música e a inteligência universal, não com intuito de entendê-la, mas ilustrando como a escala musical pode representar a linha de criação do universo.

Devemos compreender essa mensagem através do coração, pois nunca entenderemos os mistérios da vida através da arte.

A arte e suas mensagens são alimentos para a nossa alma, para a nossa psique. George Santayana afirma que, se a consciência é suficientemente adequada para ser profética, então a arte aparece!

A música, ou a arte como um todo, é um mistério em si. Ela é capaz de nos transportar, mexer com nosso estado psíquico. Segundo Diane Arbus, uma imagem é o segredo sobre um segredo e quanto mais ela nos transmite, menos nós sabemos sobre ela.

Devemos sentir a arte e não querer entendê-la, seja ela uma música, um poema, um filme, uma pintura.

Querer entender um poema, por exemplo, é subestimá-lo, diminuir o seu valor e subscrevê-lo à tarefa de repetir ou reinventar a realidade, a vida.

Portanto, acredito que "ciência" e "mística", dentro do gráfico da R.E.I.S., sejam atividades coadjuvantes no contexto de compreensão do ser e, a meu ver, trabalham diretamente sobre o corpo físico-energético, onde, por outro lado, a psicologia (ou filosofia, ou qualquer outro nome que queiramos dar, como mencionado anteriormente) e a arte sejam as atividades principais de foco na busca da compreensão do ser humano, e representem a estruturação e a organização da psique, que refletem na cura do corpo físico-energético-espiritual.

Por isso, como a psicologia e a arte são os principais instrumentos de estudo, tive a inspiração de desenvolver um diagrama da R.E.I.S., mostrado logo a seguir, colocando-os como eixos principais.

O exercício nesses dois eixos ilustra a linha de trabalho feita pela "inteligência emocional".

O encontro desses dois eixos representa o nosso self, ou seja, tudo aquilo que forma a base do nosso ser de luz neste planeta Terra.

Considero o conjunto intuição-sensação como a capacidade de qualquer tipo de "clarividência", e o conjunto emoção-razão como representante da "vocação" do ser. Essas duas associações fundamentam o "nous" (o que é espiritual) no diagrama.

Por isso, foco a psicologia e a arte como fios condutores para um resgate do percurso de crescimento espiritual, pois considero a ciência, a mística, a clarividência (ou clariaudiência) ou a própria vocação consequências do trabalho de expansão da consciência do ser.

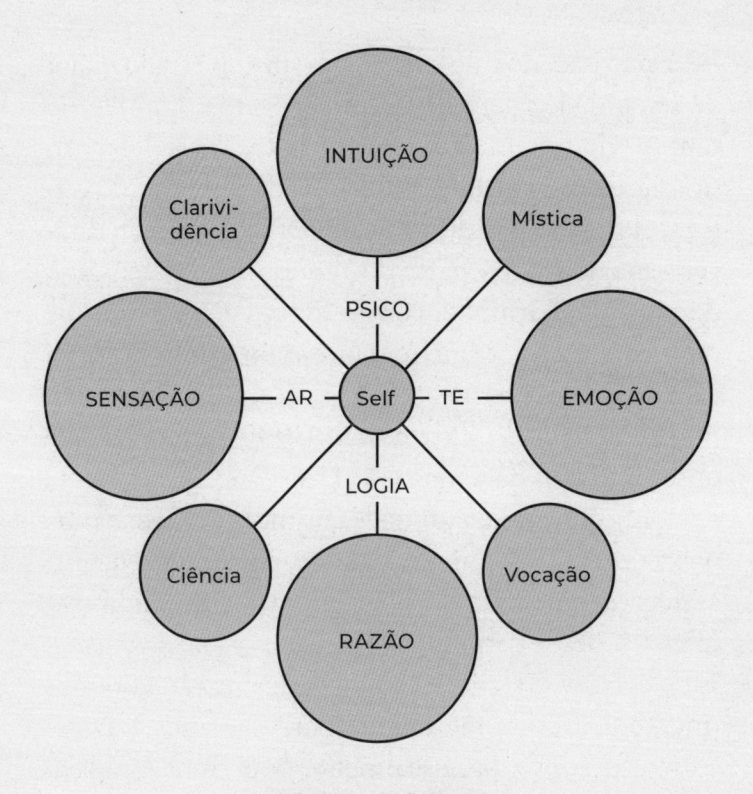

```
              INTUIÇÃO
   Clarivi-              Mística
   dência
              PSICO
 SENSAÇÃO — AR — Self — TE — EMOÇÃO
              LOGIA
   Ciência               Vocação
              RAZÃO
```

Admira a beleza,
defende a verdade,
venera a nobreza do ser;
escolhe a bondade.
Assim é que o homem será
conduzido às metas na vida;
aos retos caminhos na hora em que age;
à paz quando sente;
à luz, quando pensa;
e aprende a confiar na regência divina
de tudo o que há no vasto Cosmo,
no fundo d'alma.
(Steiner, 1918)

Essa visão, do uno e de fé, produz um estado maior de serenidade, além de ter um aspecto cognitivo no sentido de testemunhar a realidade, do "religar" (o significado original de "religião"), da sensação de certeza, do poético e do transcendente, do inacreditável e mágico como parte do mundo real. A sensação de estar em harmonia com o todo, com o outro, de estar presente, por inteiro, em cada instante, no aqui e agora — um eterno agora!

Do outro lado, Pierre Weil (1990) enfatizou que os sentimentos de tensão e de ansiedade, gerados pelo desconhecimento da unidade cósmica, nos leva a uma baixa de resistência imunológica, e, consequentemente, às doenças autoimunes, patologias cardíacas, síndromes mentais, desde depressão à psicose.

Devemos trabalhar na nossa unificação coração-mente, feminino-masculino, para estarmos "vazios" e estruturados e para realmente podermos estar em sincronia com o cosmos, para estarmos prontos para o presente divino através do acesso à memória *akáshica*, às mensagens que o universo nos traz na forma de intuição nas brechas, nas pausas dos pensamentos, porque todas as respostas que precisamos estão em nós mesmos, em sintonia com o universo.

Isso é o desenvolvimento do nosso corpo caloso através do raciocínio intuitivo, da inteligência emocional.

XII – O NOSSO INCONSCIENTE COMO HERANÇA E DÁDIVA

"O nosso inconsciente é a força que temos para a realização do nosso dom na terra." (CLARICE LISPECTOR)

Ao contrário dos povos ancestrais, hoje conhecemos muitas ferramentas para o trabalho com o inconsciente e as emoções. Além do trabalho com sonhos, temos também arteterapias, regressões, constelações e vários tipos de vivências; chegamos, também, a um nível de elaboração verbal sobre os sentimentos, com métodos de Jung ao Pathwork de Eva Pierrakos, por exemplo, bastante eficazes na cura.

As pessoas tendenciosamente mentais podem ser as mais difíceis de se trabalhar, pois criam argumentos racionais para tudo, usam fortes escudos, questionam demais, são mestres em enganar a si mesmas, são inteligentes, mas não silenciam para possibilitar a percepção sensorial de si mesmas para o desenvolvimento da inteligência emocional.

A mente, junto do coração, tem papel fundamental na estruturação do ser em plena conexão com tudo o que existe. É a mente exercendo o seu lado além-ego e além-matéria, conectada intuitivamente às emoções e às sensações, compreendendo e honrando, assim, esse presente divino que recebemos.

As várias possibilidades de vivências lúdicas da arteterapia, assim como a amorosidade e a compaixão, são capazes de promover cura inconsciente, mas, pelo fato de ser um processo que acontece inconscientemente, estas, sozinhas, não conseguem atingir a estruturação e organização, com o consequente fortalecimento da psique, sem que a "musculação" racional aconteça.

Os trabalhos com o inconsciente são eficazes, promovendo um estado de amorosidade por si e pelos outros, uma aceitação da realidade, um distanciamento das distorções, das crenças coletivas e dos modelos mentais de escassez e de saúde frágil em que vivemos, e podemos nos mover à procura de soluções construtivas, positivas e criativas no caminho para a saúde mental e física, através da verbalização sobre situações e emoções.

A meu ver, esse trabalho de verbalização funciona como uma agulha de acupuntura que, aplicada em determinado local, libera tensões, desbloqueia energia e traz o potencial de cura e bem-estar.

Ou seja, só conseguimos atingir essa musculação racional e o fortalecimento da psique com treinos e vigílias constantes, destrinchando todos os sentimentos, por meio da lógica emocional.

A escrita e a verbalização são excelentes meios para esses exercícios.

Da mesma forma, não conseguimos transformar traumas e dores em fortalecimentos internos só com o intelecto. Temos que compreendê-los com o coração.

A combinação dos dois processos é essencial para que não fiquemos no meio do caminho (sucesso parcial) e para que se atinja a cura total.

Como salientado, existe esse trauma no inconsciente coletivo por termos fomentado enfaticamente o racional competitivo por séculos, bem como existe a atual e consequente reatividade a esse tipo de postura predominantemente racional. Teremos de amadurecer nesse processo e transcendê-lo, como em tudo na vida.

Hoje é difícil agradar espiritualistas e materialistas. O mundo está altamente polarizado. Atualmente, os espiritualistas do Oriente sentem falta do cientificismo ocidental, e o cientificismo ocidental sente falta da espiritualidade oriental. A sutileza do amor se unindo à objetividade da ciência e vice-versa.

Mas existe uma verdade por trás dessa polarização. Enquanto, por um lado, os materialistas vivem apoiados no racional, os espiritualistas são radicalmente contrários à mente e ao pensamento, para que tudo aflore (floresça) do coração. Os dois coexistem, e, numa mente meditativa, essa composição é factível.

Isso, claro, é uma tarefa mais complexa para aqueles que ainda estão acreditando piamente no intelecto para um sucesso material. Mas só cabe aos espiritualistas, que já compreendem esse estado meditativo, acreditar nessa combinação com o racional, sem o "medo" do retrocesso. Isso não acontecerá jamais, pois, ainda bem, já atingimos um "ponto sem volta" no que tange à expansão de consciência nesse sentido. A consciência não voltará a ser o que era.

PARTE IV

O PROCESSO DE CURA: DO RECONHECIMENTO À ESTRUTURAÇÃO

XIII – QUEM VAI ATRÁS DO CONHECIMENTO E DA EXPANSÃO DA CONSCIÊNCIA?

Presença é acordar o eu com atitude.

É uma minoria que está revertendo o rumo das ações no mundo. São aqueles que buscam conhecimento espiritual bem estruturado.

Ao contrário do universo, a vida orgânica não é infinita.

Assim como tudo é limitado na vida orgânica, o conhecimento que podemos receber, inclusive por canalizações ou acesso à memória contida no universo (*akáshica*), também o é, pois, de qualquer maneira, só recebemos aquilo que é pertinente ao nosso ser, composto de corpo, mente e espírito (alma).

Não nos chega conhecimento sobre a inteligência universal, ou mesmo sobre os mistérios da vida orgânica, ou seja, sobre o instinto, a regeneração etc.

Por isso o conhecimento que a princípio estaria disponível a todos não é compartilhado, de fato, com todos — e isso não é injustiça alguma.

Ouspensky dizia:

> Adquirimos também aquilo que está sendo rejeitado por outros. E não poderia ser diferente pois a vida trabalha com dualidades. Se, para dourar objetos, tomamos certa quantidade de ouro, devemos conhecer o número exato de objetos que queremos dourar.

Se tentarmos dourar um número maior de objetos, esses ficarão dourados desigualmente, com manchas, e parecerão bem piores do que se nunca tivessem sido dourados; de fato, teremos desperdiçado nosso ouro) (Ouspensky, 1982, p. 54).

Esse rateio de conhecimento é algo natural. É algo que cada um de nós sente como caminho e vai buscar. O que quero dizer é que, se sentimos que devemos buscá-lo, ainda assim esse acesso ao conhecimento depende do nosso esforço.

O que não evolui conscientemente se degenera! Como a consciência poderia evoluir inconscientemente? Como nossa vontade de evoluir poderia acontecer involuntariamente?

A evolução do homem é a evolução de seu poder de "fazer" por si mesmo, conhecer a si mesmo, e não o resultado do deixar acontecer. É isso que faz a diferença entre quaisquer duas épocas que pegarmos. O aumento de consciência, por um lado, e o aumento da sombra, por outro. A dualidade está sempre presente.

Para isso, os exercícios individuais devem ser contínuos, em um estado de mente atenta para transformar traumas em fortalecimento interno.

Como dito, a formação da unidade interior se dá por uma fusão proveniente do atrito da luta entre o "sim" e o "não" no homem.

Se um homem vive sem tensão interior, se tudo acontece nele sem que ao atrito interno se oponha, se vai sempre ao sabor da corrente, na direção em que o vento sopra, permanecerá então tal qual é, mas, se uma luta interior se iniciar, então, gradualmente, certos traços permanentes começarão a se formar nele e o ajudarão nesse processo evolutivo contínuo.

Porém, se esse exercício for desenvolvido numa base falsa, por exemplo, o medo do pecado, ou uma fé fanática numa ideia qualquer, o ser humano poderá provocar uma luta intensa do "sim" e do "não", e alguns valores serão cristalizados impropriamente sobre tais bases. Isso dificultará muito toda a possibilidade de desenvolvimento posterior, e, para que a possibilidade de um desenvolvimento posterior seja restituída, esse processo deverá ser previamente "refundido" em base mente-coração, e isso não se pode realizar sem sofrimentos ainda maiores.

Nossos hábitos são resultados das influências exteriores, das impressões exteriores. Hábitos e vida na mentira prejudicam essa construção. É necessário aprender a verdade, conhecer o que é verdade e o que é mentira antes de tudo em si mesmo, mas poucos querem conhecer suas mentiras.

Sempre temos o potencial, a capacidade de acolher, aceitar e transformar. Como se pode provocar a luta entre o "sim" e o "não"?

Os sacrifícios devem ser bem-vindos quando necessários. Se o sacrifício necessário é negligenciado em algumas circunstâncias, então devemos ter consciência de que algo nobre poderá não ser alcançado, porém, quando uma base sólida está bem alicerçada na comunhão mente-coração, as renúncias, as privações e os sacrifícios não são mais necessários.

Como mencionei anteriormente, o significado esotérico do sacrifício é o "tornar sagrado", sublimar!

Influências externas acidentais podem ser transformadas em algo relativamente inofensivo quando sabemos sacrificar o "querer" pelo nobre.

Milhares de apegos, de eus inúteis impedem o homem de despertar, de dar conta de sua própria nulidade.

Para despertar um homem adormecido, é necessário um bom choque.

A luta contra os medos, a sinceridade consigo mesmo. Todo processo de evolução começa pela formação de um núcleo consciente.

A verdade só pode chegar aos homens sob a forma de mentira. Quando nos damos conta de que a vida não está levando a parte alguma é que ela começa a ter sentido.

É indispensável entrar em contato com o pensamento real e vivo com o qual perdemos toda ligação, pois é nesse lugar de conexão que tudo acontece em caráter milagroso, desde uma simples sintonia com um animal à criação de obras como a catedral de Notre-Dame e as pirâmides.

Alguns costumes e mentiras que dispersam nossa energia e aprendizado:

» A falta de cuidado com o corpo e maus hábitos;
» Pensamentos obsessivos;
» Sentimentos tóxicos;
» Fuga do presente;
» Falta de perdão;

- » Mentira pessoal (autoenganação e autossabotagem);
- » Viver a vida do outro;
- » Bagunça e projetos inacabados;
- » Afastamento da natureza;
- » Preguiça, negligência;
- » Fanatismo;
- » Falta de aceitação.

Esses costumes que hoje vivenciamos, muitas vezes de maneira inconsciente dentro da Matrix e das fórmulas que criamos para viver em sociedade, assim como traumas e choques, são responsáveis pela descontinuidade vibracional em nós. Esses bloqueios agem, primariamente, nos centros emocionais e intelectuais, com consequente interação e interferência sobre todos os outros corpos densos e sutis do ser.

Esse foco e essa preservação de energia pressupõem a aceitação de que toda a vida orgânica, incluindo o homem, é parte de uma linha de criação evolutiva do universo e também a aceitação de que jamais compreenderemos, seja com a mente, seja com o coração, como a inteligência universal "funciona".

Sentimento é "algo" particular à vida orgânica com o qual o homem desenvolve capacidades potenciais de interação mente-coração acima de qualquer outro ser orgânico.

O que impede nosso crescimento? De que precisamos, então? Precisamos revisitar essas nossas dores!

Traumas mal resolvidos, em que nossas emoções ficam literalmente à flor da pele, nos fazem perder completamente a razão. Sucumbimos, não conseguimos mais usar a razão em comunhão com os nossos sentimentos e emoções, pois isso dói, então a deixamos de lado.

Hoje, a mente é a maior inimiga do ser. Procuramos deixar a mente só no externo, e o coração continua a sofrer sozinho, sem amparo interno.

Já dizia uma frase zen: "Quem não consegue controlar a mente, poderá tê-la como seu maior inimigo, mas, para aquele que consegue controlá-la, certamente a mente será seu melhor amigo!".

A ignorância traz medo, e o medo nos faz construir ferramentas de defesa.

Hoje o homem é vítima da indústria do medo que construiu. O medo traz apatia, passividade e distanciamento.

Gostaria de elucidar que a amorosidade exacerbada, às vezes, pode estar encobrindo um forte estado de medo, como defesa reativa e tentativa de autoproteção.

Ou seja, muitas vezes, a amorosidade enfatizada pode ser simplesmente uma faceta da passividade e da apatia perante o medo da busca efetiva das visões do próprio ser. Uma forma de escapismo.

Algumas transformações requerem a nobreza da coragem do autoconhecimento pela expansão da consciência através desse fortalecimento interno.

Só assim poderemos partir para o que os terapeutas chamam de "a quinta força da psicologia", em que teremos a comunhão da *anima* (energia feminina) e do *animus* (energia masculina) desenvolvidos em todos os seres humanos, isto é, o desenvolvimento e a evolução humana através do nosso raciocínio intuitivo, da psique espiritual, e, para isso, precisamos da tensão interna que une, que tonifica, que desperta o eu adormecido!

XIV – EXERCÍCIO DO PERDÃO PARA TRANSCENDER O TRAUMA MAIOR

A cura do inconsciente coletivo em mim

Como não poderia deixar de ser, chegou a hora de passarmos pela conscientização e necessidade do pedido e da aceitação do perdão entre as duas energias masculinas e femininas que se justificam em ciclos crescentes de erros e são representadas aqui, neste plano, pela infindável "guerra dos sexos".

O que é o perdão? O perdão e a cura carregam a mesma essência.

Assim como o conhecimento é a fusão entre o "sim" e o "não", ou seja, a fusão da própria dualidade; a cura, em si, é a fusão do conhecimento e do amor.

Em outras palavras, a cura é a fusão daquilo que trouxemos do inconsciente para o consciente com a aceitação, o acolhimento com amorosidade, o perdão, nos levando à transcendência, a um estado de sublimação e à construção de todo o potencial que a mente e o coração, juntos, podem trazer.

Ainda veremos, mais à frente, que seres que usufruem do equilíbrio das energias masculina e feminina elaboradas consagram, em todos os âmbitos, a fusão máxima de realização do espiritual neste plano terrestre, por isso é tão importante transcendermos quaisquer traumas não atendidos, negligenciados entre essas duas energias, até agora.

Começo invocando pelo pedido de perdão: "Invoco o perdão a toda energia masculina mal usada no passado, nas guerras, no abuso de poder e em toda forma de repressão e opressão; por todas as buscas de eficiência e de competitividade que não tenham tomado o ser humano e o planeta como prioridade máxima.

Peço desculpas às mulheres em nome de todos os homens da Terra [seu avô, pai, irmão, primo, amigo, namorado ou marido] que, eventualmente, tenham abordado seus sentimentos ou a sexualidade de forma deturpada ou repressora durante suas vidas. Em nome deles, digo: 'Sinto muito, por favor me perdoe, obrigado, te amo!'.

Gostaria de reverenciar todas as mulheres, das que buscam curar seu corpo de dor às que tentam transformar essa abordagem repressora ainda presente no homem.

Verdadeiras guerreiras e, ao mesmo tempo, canais de conexão ao mistério, ao divino!

Reverencio todos nós, que percebemos os erros cometidos pela energia masculina e tentamos transformá-la para que, em harmonia com a energia feminina, alcancemos novos horizontes."

Sigo ainda, através do uso do conhecimento e da amorosidade, com uma pequena prece para o equilíbrio dessas energias em nós mesmos e para o alcance de um estado de sublimação e paz interna: "Eu *reconheço* o masculino opressor que ainda existe mim e que pede perdão ao meu feminino.

Meu feminino *aceita, acolhe, perdoa* e se fortalece, resgatando tudo que é *sublime* do sagrado feminino.

Nesta *reverência* silenciosa ao feminino, meu masculino também *reconhece* o sagrado masculino que existe em mim e assume, com responsabilidade, essa nova *consciência* de reestruturação para esse novo encontro.

Meu feminino *acolhe* meu masculino, agora íntegro, *consagrando* minha cura.

Que essa união represente a consagração de todo potencial *consciencial* em mim, e a consagração de todo potencial energético de *conexão* minha com o todo.

Que essa saúde plena em mim *reverbere* em tudo e em todos ao meu redor.

Que essa cura *alcance* tudo e todos na terra, sem exceção, e que essa consciência e energia *vibrem* em tudo que seja realizado a partir de agora, neste planeta, em *sinergia* com o cosmos. *Amém!"*

Falo em reverberação porque, sim, tudo funciona com exemplos, em ressonância, em pura transmissão de energia, e, como num passe de mágica, o milagroso acontece.

Gostaria de deixar aqui o relato de uma amiga muito querida:

Foi só quando olhei para o sagrado masculino que consegui fazer em mim o círculo do perdão. O perdão que o feminino tinha de viver para o masculino considerado opressor, o perdão que o masculino tinha de viver para o feminino opressor-reativo. Sim, os dois opressores — cada um a seu jeito.

Quando eu saí do medo interno e resolvi ouvir o que a imagem do masculino encarnado dizia; quando eu saí do medo externo e enfrentei receber o masculino em minha vida, consegui olhar por inteiro para o meu feminino.

O olhar para o masculino íntegro trouxe para o meu interno a visão do sagrado masculino. Simples assim, e nada simples durante muitos anos de minha vida.

Não sei se é fácil compreender o que aconteceu comigo, mas, trazendo o sagrado masculino, aquele que inicia a geração da vida, consegui libertar o feminino e fazê-lo viver de verdade!

O sagrado masculino é tão sagrado quanto o sagrado feminino.

Tudo isso que sentes em teu ser, essa certeza da cura interna, quando masculino e feminino conseguem se ver e viver a sua unidade, é muito forte. E isso ressoa em meu ser, profundamente.

Tenho certeza de que estamos vivendo em nosso planeta o reencontro dessas energias que se afastaram para que existisse o olhar para a sua grande importância na manutenção planetária.

A inspiração de tua prece vem trazer ao meu ser essa certeza.

Reverencio o masculino e o feminino que há em ti e o cumprimento com a proposta formulada lá na pátria espiritual.

Falando do sagrado feminino e do sagrado masculino, primeiro me ocorre a força que o "sagrado" representa. E que força é essa? É aquela força que nos faz mais do que o barro, que o mineral do qual fomos formados, para nos manifestarmos neste planeta. É aquela força que nos faz os seres de luz que nós somos.

É aquela força que sentimos tão profundamente que, às vezes, nos retira palavras para explicar, nos retira *palavras para expressar, e simplesmente silenciamos. É a força que está presente em todas as polaridades que aqui encontramos neste planeta.*

O sagrado que reconhece a força da união que estas polaridades trazem para este mundo, para a razão de aqui estarmos, em um trabalho evolucionário.

O sagrado feminino... O sagrado masculino...

São tão complementares, que não foram trazidos apenas como referências de vida nas diversas encarnações, mas como elementos internos de todos os seres humanos. Sempre!

Um falo masculino introduz a essência da sua criação, um ventre feminino gera um ser, da semente que tem toda a potencialidade do trabalho de estruturação de caminhada nesta Terra.

Sagrado feminino ou energia feminina? Sagrado masculino ou energia masculina?

Acho que esses termos, conceitos, de energia e de sagrado se fundem para nos trazer as mesmas qualidades.

O que é melhor, coração ou mente? Não existe o melhor. É melhor ser o mais inteligente ou o mais amoroso?

Pois é, o problema não está no que de fato é melhor, pois não existe melhor, mas sim no valor errado que foi dado à mente, à eficiência e à competitividade.

Para alguns, é até difícil verbalizar que "a energia feminina é a energia do coração, e a energia masculina é a energia da razão", mesmo em se tratando somente de "energias", em todos nós. Que trauma!

Ou seja, depois de tantos erros cometidos, ainda mantemos o preconceito, e é difícil aceitar a grandeza do coração.

Pode-se argumentar que é uma tendência que a energia masculina esteja em proporção maior no homem e que, então, fica subentendido que o homem é mais inteligente?

Como vimos, o homem fez muitas besteiras baseado na razão. A tendência é que a amorosidade cresça cada vez mais no homem para que ele atinja o seu equilíbrio, assim como a tendência é que a razão cresça cada vez mais na mulher para que ela também atinja o seu equilíbrio.

Mesmo assim, todos nós, absolutamente todos nós, somos diferentes uns dos outros também (além dos talentos em geral) no que se refere a esse equilíbrio de energias.

O problema com o processo de desenvolvimento da energia oposta é que, por motivos de insegurança e egocentrismo, cada indivíduo tende a focar no que se sente forte, ou seja, se é o mental, tende a focar, cada vez mais, na razão, e se é a sensibilidade, cada vez mais no coração, provocando um distanciamento cada vez maior.

Dentro desse conceito, para quem ainda está apegado às comparações, podemos até "ponderar" o equilíbrio das duas energias em um indivíduo, mas não quem é melhor baseado só no "mais inteligente" ou no "mais amoroso".

Isso, de fato, não existe. Aquele "mais inteligente e sem amorosidade" é, na verdade, "ignorante", e aquele "mais amoroso e sem racionalidade" também é "ignorante".

Então, gostaria de partir simplesmente do princípio de que, sim, homens e mulheres são diferentes, assim como quaisquer dois seres o são.

Longe de achar que homens e mulheres são iguais, ao contrário, é estando consciente das nossas diferenças que começaremos a unir forças e desfrutaremos da abundante celebração, em vez de perpetuarmos as disputas mesquinhas em um cenário de triste carência afetiva e falta de inteireza.

Se não olharmos para essas diferenças com aceitação, continuaremos patinando na nossa trilha evolutiva por causa dos mesmos preconceitos e normoses.

Também, não podemos reduzir a relação homem-mulher à reprodução ou ao sexo como fonte de prazer. Perde-se, aí, todo lado sublime e nobre de experiências culminantes que os relacionamentos podem potencialmente trazer.

Ou seja, o amor está hoje muito mais ligado à materialidade do que à espiritualidade e, como tal, está limitada e patologicamente moldado pela competitividade egoísta e por normoses estéticas dos tempos modernos.

Vejo homem e mulher como representantes da realização dos sonhos da humanidade neste plano terreno e a sexualidade nessa relação como uma fusão, comunhão no encontro de almas e energias, em que os limites da mente e dos egos desaparecem em conexão com tudo que é o divino; em que o que chamamos de "salto quântico" acontece, e onde nada pode nem precisa ser explicado.

Acredito que essa conexão, por si só, significa um importante canal aberto às inspirações e intuições que nos trarão novas formas de relacionamento e de construção da sociedade, como visto em civilizações passadas e já mencionado anteriormente.

O crescimento de um casal não se baseia em duas caras-metades que necessitam uma da outra, mas sim em caras inteiras que se relacionam a partir da sua singularidade plena.

A dependência emocional é uma das maiores causas de sofrimento do ser humano e de deterioração das relações, seja na relação de casal, na relação familiar, seja, ainda, na de amizade ou na relação profissional.

Quando aprendemos a lidar com as nossas emoções de forma autônoma e responsável, começamos a construir relações muito mais saudáveis e plenas com os demais.

Pode existir algo mais divino do que a liberdade de ser quem você é e se expressar livremente na sua essência?

A liberdade acontece quando assumimos a responsabilidade pelo nosso próprio autocuidado emocional e quando fazemos escolhas conscientes para as nossas vidas.

O acolhimento que provém do amor por nós mesmos incentiva a aceitação das nossas emoções, na luz e na sombra. Na medida em que vamos aprendendo a lidar com as emoções, nossa autoestima, amor-próprio e nossa capacidade de amar aumentam significativamente!

Ou seja, todos nós temos que atravessar nossos processos individuais, e isso não é por acaso, mas o encontro de dois seres no estado de equilíbrio dessas energias, que chamo de masculinas e femininas, é a magia da química, a alquimia entre dois seres inteiros em que acontece a conexão. A união equilibrada do masculino e do feminino proporciona o desenvolvimento de sensibilidades e percepções nos indivíduos, promove a sincronicidade e é o "empurrãozinho" que nos coloca na reta final de uma evolução espiritual saudável. Wilhelm Reich (2004) e C. G. Jung (2012) afirmam que a libido é uma energia vital no ser e que não envolve somente sua sexualidade, mas também sua espiritualidade e criatividade.

XV – HUMILDADE E DISCERNIMENTO

O julgamento do belo e o processo de elaboração de valores com lucidez e discernimento

Comecemos quebrando um paradigma sobre o julgamento do belo, por um instante, para podermos caminhar livremente nessa trilha de elaboração de valores.

O belo é prazeroso e nos alimenta a alma. Portanto, tal como fazemos com a dor, queremos também sempre evitar o feio.

Porém, quando o assunto é discernimento e lucidez para elaborar valores essenciais, precisamos transcender esse paradigma de defesa que foi por nós criado para nos mantermos relativamente em uma zona de conforto.

O julgamento do belo, por si só, é o deturpar do sentir, do pensar e do agir. O poético sugere, mas não opina, não toma posição, não defende valores. É o próprio medo do feio formatando uma postura!

A experiência sensorial acontece na parte do cérebro anterior ao julgamento do "belo", e estamos nos privando e impedindo que vivamos, que tenhamos experiências, sensações, ao nos anteciparmos com o julgamento. Nós nos atropelamos e congelamos nossas sensações.

O próprio julgamento do belo deturpa a imaginação no processo de criação, portanto imagine o quanto este pode deturpar o discernimento e a lucidez. Precisamos, portanto, nos mover para antes do "belo", para antes do julgamento.

O corpo deixando de ser um mecanismo de resistência para ser um corpo vivencial — que vive o crítico!

Precisamos desfazer essa alienação corporal e tirar o corpo desse estado de torpor. Hoje, vivemos apenas a ilusão, mas não a verdade. Parece que foi vivido, mas não foi de fato. Vivemos literalmente uma alienação sensorial em que tudo fica na superfície. Reagimos apenas de forma condicionada, fragmentada. Nossas experiências, nossas vivências estão bem empobrecidas.

É importante compreender que, para registrarmos memória de forma consciente, precisamos nos disponibilizar, pelo menos, a um esforço mínimo para o processo de elaboração.

Sem esforço, sem elaboração, não conseguimos registrar memória consciente e, nesse sentido, vivemos em um estado alterado de consciência e de percepção, no sentido de deturpação da realidade.

Vislumbrando uma forte tendência, mas não uma verdade absoluta, podemos dizer que grande parte dos seres humanos está em choque, "travada" diante de tantas informações e estímulos.

Falta envolvimento, há muita passividade. Não se consegue absorver tudo, e esse excesso de informações e estímulos provoca um corpo blindado, mecanizado, não receptivo, não capaz de assimilar o que está acontecendo, e isso gera mais passividade, mais não envolvimento, mais blindagem, menos troca sensível e, assim, sucessivamente, em uma bola de neve negativa.

Portanto, sim, esses estímulos afetam, de forma bastante prejudicial e acumulativa, o inconsciente vulnerável que está à mercê das situações. O torpor produzido em nós pela vida moderna, pelo excesso de estímulos, nos impede de acessar conscientemente o que cada coisa de fato representa.

A ação motora consciente, ao contrário, produz significado psíquico e gera história construtiva e consequente memória positiva.

É a sensação física (sistema sinestésico) *versus* o torpor do corpo (sistema anestésico), o entorpecimento dos sentidos, o bloqueio da realidade.

A libertação do julgamento é a purificação dos sentidos, é a superfície do corpo, a pele, a sensação à frente da mente. É a capacidade da percepção sensorial antes da análise.

XVI – O INÍCIO DO RESGATE (DESIDENTIFICAÇÃO E RESSIGNIFICAÇÃO)

Olhando para a dor

Não fugir das emoções negativas, vivenciá-las, expressá-las e senti-las faz com que nos libertemos das amarras que essas dores guardadas causam na interferência da nossa paz interna e na manifestação do nosso amor e da nossa luz.

Saber "olhar" para os nossos sentimentos e dores, de frente, com humildade, sem reatividades e mentiras como forma de autoproteção, seja por medo, seja por insegurança, é o grande caminho para o processo evolutivo.

> *"Enquanto o homem não transformar o seu inconsciente em consciente, muitas situações continuarão se repetindo e ele as chamará de destino." (Jung)*

Quero enfatizar que acredito, sim, que existam pessoas que sejam felizes e atingiram contentamento e satisfação nas várias áreas de suas vidas; algumas, de maneira consciente e plena; outras, de modo mais empírico. Mesmo assim, grande parte desses seres felizes ainda precisa se conscientizar sobre as transformações necessárias pelas quais o ser humano precisará passar para viver bem em sociedade.

Quanto mais artificialmente vivemos (por "artificialmente" entenda longe da natureza), mais valores éticos precisaremos desenvolver para a convivência entre cidadãos, como produto de uma formatação da sociedade, principalmente em grandes centros urbanos.

Portanto, é fácil reconhecer que grande parte de nós já sucumbiu em, pelo menos, algumas das nossas várias frentes de relacionamentos e ações.

> "A verdade em si não é nem bonita nem não bonita."
> (Khyentse, 2007, p. 93)

Acrescento aqui um trecho que elaborei para a famosa carta de Baruch Spinoza, *Deus falando com você*:

Se eu te dei a razão é para usá-la!
E, com certeza, não somente com o que é externo, científico e acadêmico, onde cometeste tantos erros.
E quem te disse que ela precisa ser suave e doce?
Negas a razão porque não gostas de olhar tua sombra do passado, então acreditas que ela só pode ser boa se usada no que for poético e belo?
Por que te refugias no belo se podes aprender com o feio?
A dor não é bela, mas, com ela, podes dar os maiores saltos de tua vida!
Tomas o belo e o feio como certo e errado.
Te ligas ao belo para confortar-te? Para que ele ofusque o que há de feio em ti?

Te dei os dois, não os negues!
Não negues a razão!
Sim, a razão precisa de novos amores,
conecta-a aos teus sentimentos,
às tuas emoções.
Trabalha teus momentos difíceis
e fortalece-te!

Ou seja, construa novos amores para a razão se tornando amigo de suas emoções, e, com isso, os novos amores da razão que se formarão são a paz, a segurança, o poder pessoal, a independência, a liberdade e a solitude, entre outras virtudes.

> *"O que negas submete-te, o que aceitas transforma-te." (Jung, s. d.)*

Tudo aquilo que reprimimos não desaparece. Acumula-se no nosso inconsciente. O estresse, a angústia, a depressão e as doenças provêm da fraca gestão emocional.

> *"Em vez de procurar a paz que não tem, encontre aquela que nunca perdeu." (Nisargadatta, s. d.)*

A paz e o equilíbrio interior são qualidades que começam a aumentar significativamente quando nos dispomos a dar atenção às nossas emoções.

O que acontece a uma criança quando lhe damos atenção?

Paz, segurança, bem-estar. A nossa "criança interior" é igual; com a atenção apropriada, encontramos todos esses estados e qualidades.

Podemos enfrentar as nossas emoções mais dolorosas e obscuras com segurança, com isso nos sentimos mais empoderados e capazes.

Quando fortalecemos nossa psique com essa "musculação" interna, descobrimos os recursos que temos, e algo se ilumina e se transforma dentro de nós, mostrando-nos nosso poder pessoal e um potencial cada vez maior!

Processo de transformação: abordagem integrativa

Segundo Vera Saldanha (2008), existem sete etapas da abordagem integrativa: reconhecimento, identificação, desidentificação, transmutação, transformação, elaboração e integração. Esse processo tem tudo a ver com mente-coração.

O pensamento através do coração, ou seja, o raciocínio ligado aos sentimentos e emoções, é um exercício de imaginação ativa, é um estudo, é a digestão dos seus sentimentos e emoções.

Como a linha do Pathwork (2009) diz: "A identificação é um sentimento não pensado". Algo que ainda não veio para o consciente.

Esse processo de interação mente-coração é o caminho do conhecer-se. Você não pode superar aquilo que não conhece!

Cada desatenção, ou tendência, que viole a espiritualidade do ser representa uma corrente que nos prende. Pelo abandono de cada desatenção ou negligência, você rompe a cadeia e, assim, torna-se cada vez mais livre e mais próximo de um estado de contentamento.

A aura do corpo físico mostra saúde ou doença física e todas as demais condições desse corpo físico. As reações emocionais, intelectuais ou espirituais aparecem na aura dos respectivos corpos sutis.

A interação mente-coração nos conduz à transformação contínua das vibrações, das emanações, das auras de todos os corpos sutis, promovendo a perpétua transformação do espírito num eterno aprendizado e materializando um verdadeiro meio de resgate de um percurso de crescimento espiritual.

RECONHECIMENTO

A falta de reconhecimento da necessidade de trabalhar padrões formatados pelos indivíduos perante as "limitações" impostas pela nossa estrutura social pode embutir a negligência e o consequente risco de uma involução coletiva.

Somos criados dentro de um regime e muitas vezes não reconhecemos onde essa estrutura social corta nossas asas, e, se reconhecemos, e nada fazemos, então negligenciamos, e o inconsciente coletivo "involui" como um todo.

IDENTIFICAÇÃO

Desenvolvemos e/ou carregamos padrões, bloqueios, crenças, negações, normoses, paradigmas, preconceitos, produzidos pela nossa estrutura sociocultural (como religião ou leis governamentais), que se manifestam, muitas vezes, assintomaticamente, sem que percebamos que os estamos absorvendo no nosso dia a dia.

Esses bloqueios e normoses, por exemplo, afetam as nossas interpretações e reações sobre o "externo", a cada momento, por isso, qualquer situação do cotidiano pode nos atingir de maneira deturpada, pois carrega muitos julgamentos sob a ótica dessas crenças, negações e preconceitos, isto é, o "externo", as situações do cotidiano, traz emoções ao interno de múltiplas maneiras, conforme o "interno" de cada indivíduo interpreta e reage a essas situações.

DESIDENTIFICAÇÃO

A compreensão da influência que essa estrutura sociocultural exerce sobre nós nos possibilita trilhar o caminho de elaboração de valores individuais, proporcionando crescimento, amadurecimento (e consequente expansão da consciência coletiva) através dos desbloqueios/fluidez emocional de cada indivíduo.

É papel da arte e da psicologia reconhecer o que o inconsciente coletivo negligencia e nadar na direção oposta.

Enquanto, de um lado, existe a bolha que representa a sociedade inconsciente, ou o inconsciente coletivo, com as restrições por ele impostas; na direção oposta, temos a bolha dos psicólogos e artistas que se move à procura da liberdade de expressão.

TRANSMUTAÇÃO

Por isso a arte, junto da psicologia, é um fio condutor, um instrumento que promove a restauração do fluxo emocional e o caminho evolutivo.

O processo criativo artístico e o de elaboração de valores (essa troca de fora para dentro e vice-versa) não se dão de maneira acidental.

Essa troca e elaboração de valores acontecem passando pelas "camadas" culturais que cada indivíduo deixou criar em si, e, a cada momento, ela mostra o novo, o não visto antes, o não percebido daquela mesma forma em função das constantes mudanças no próprio ser. Ou seja, "sofrer" e "acontecer" a mudança a cada experiência, a cada troca do interno-externo.

É a nossa bagagem interna que nos faz interpretar o "externo" e criar um contínuo novo "interno" (novas constelações e relações de forças internas), e assim sucessivamente. Aos poucos, as impressões das forças sobre a nossa pele já não formam as mesmas dobras, e nos sentimos mais leves, desobstruídos, com mais espaço para o coração caminhar liberto e sem medo.

TRANSFORMAÇÃO

Essa compreensão nos promove com uma grande sensação de conforto, pois percebemos que não somos estáticos, mas sim a possibilidade de sermos um contínuo movimento, se examinarmos o que é preciso reconhecer em nós e percebermos o que as novas forças vieram abalar na ilusória identidade com que estávamos nos identificando, ou se queremos permanecer com as mesmas dobras na pele.

Nesse último caso, como consolo e por conforto, apela-se para possíveis fórmulas mágicas de toda espécie, de anjos a cocaína, passando por antidepressivos ou outros amuletos externos.

A segurança, o conforto de ficarmos com as mesmas dobras não estudadas, não elaboradas, criam dependência e cegueira, e a necessidade de trabalhar valores pessoais ignorados fica cada vez mais intensa, difícil e dolorosa. Entramos, assim, em um ciclo vicioso negativo de falsa proteção.

Por outro lado, cada vez mais somos chamados para a verdade que as nossas almas vêm fatalmente expressar como emergências espirituais.

ELABORAÇÃO

Precisamos reconhecer nossas próprias fórmulas mágicas, para só então estarmos abertos para apreciar a melodia, a sinfonia, o ritmo, o poema da vida em constante transformação, que nos dá a possibilidade de reconhecer outra realidade não percebida antes. Podemos, assim, ter um vislumbre, ou insights, do que era invisível, a qualquer instante.

Essa relação com o externo nos mostra quão preparados ou despreparados (equilibrados ou desequilibrados) estamos para receber o que vem de fora.

Emoções usuais de angústia, raiva, ansiedade, dor e/ou revolta são amenizadas de formas distintas, ou até mesmo dissipadas, conforme a estrutura interna que as constrói.

INTEGRAÇÃO

A arte e a psicologia são o caminho para o desenvolvimento do fluir externo-interno-externo; são instrumentos de medida dessa fluidez, desse fluxo emocional, que cresce com a evolução dos exercícios, em cada um, e, portanto, poderosos instrumentos terapêuticos.

XVII – AS FORÇAS ETÉREAS DA ROSA E DO CAVALO COMO VISÃO DE TRABALHO

A energia feminina é a energia do coração, representada neste trabalho pela rosa. As rosas expressam na terra a grande virtude generosa.

As rosas revelam como o antigo mundo lunar encontrou o caminho para uma existência mais idônea e pronta para a vida na Terra. Elas têm uma força que purifica e sublima a alma humana com a compaixão e a bondade.

A energia masculina é a energia da estruturação que a mente original ou transpessoal nos proporciona, representada, neste trabalho de resgate, pelo cavalo.

A energia do cavalo é o chamado a encontrar o equilíbrio. É a sabedoria que brota de dentro, quando nos lembramos das jornadas percorridas, e a disposição em ensinar e compartilhar os dons e talentos que nos foram concedidos. Essas qualidades, sim, constituem as verdadeiras sendas para o poder — aquele que conhece o poder de sair da escuridão para encontrar a luz.

XVIII – EDUCAÇÃO: A RESPONSABILIDADE NA TRANSMISSÃO DOS ENSINAMENTOS E A DESCONSTRUÇÃO COMO PARTE DO PROCESSO DE CURA

Entendo educação como "construção e preservação da integridade" rumo ao estado de satisfação e contentamento permanentes e à espiritualidade como estado de graça conectivo e iluminativo no processo de desenvolvimento das capacidades etéreas do ser. Nossa maior contribuição individual para a vida cósmica é o fortalecimento da nossa própria psique!

Hoje, questionamos o padrão de escola que temos e procuramos desenvolver uma nova linha de conduta educacional. Piotr Demianovich Ouspensky dizia que:

> Qualquer seja a "escola" que precisamos desenvolver, ela tem que trazer um "outro plano" para o "plano terrestre comum", tal como a pintura, a dança, a música e até a própria medicina natural.
>
> Ela não deve ser simplesmente de caráter devocional, ou ainda simplesmente ser uma sedutora mística, apoiando-se no gênero espírita ou estados alterados de consciência, sem que traga algo para nosso plano terrestre comum, ou seja, compreensível, acessível e de caráter útil a todos tal como a arte e a medicina natural como mencionado.

Se isso não acontecer, estamos deixando os sonhos tomar conta da busca realizável e isso é sinal de perda de foco. Nesse sentido, o "permanecer nos sonhos" pode ser um dos maiores obstáculos em nosso caminho para o milagroso pois milagroso é aquilo que se realiza aqui, nesse plano. (Ouspensky, 1982, p. 19-20)

Na minha opinião, a educação é o assunto mais importante com que nos deparamos no dia a dia e, certamente, também um dos mais complexos.

O Mestre Severino Antônio diz que honrar a criança como dimensão poética é honrar a nós mesmos!

Eu ainda acrescentaria que honrar a criança como dimensão noética (i.e., espiritualmente) é honrar a nós mesmos.

Escutá-las é desenvolver empatia, diminuir as distâncias, respeitar seus direitos, portanto precisamos acolhê-las com amor e atenção.

Já elevamos muito nossas consciências, mas ainda existe um abismo entre nossa consciência e sua aplicação à nossa vida cotidiana. A etimologia da palavra "educar" significa "conduzir".

Conduzir pela vida, pela sociedade, pela cultura, pela história, pela espiritualidade, de forma multidisciplinar, como também conduzir de dentro para fora, para o "despertar" do seu ser, para o "desenvolver" do seu Dharma na vida.

E, como ainda diz Severino Antonio, a criança não é uma folha de papel a ser escrita, um vaso a ser preenchido, um animal a ser adestrado, um autômato a ser programado.

Como a árvore, a criança também traz a semente com todas as suas potencialidades, cujo desenvolvimento merece atenção.

Brincar forma neurônios, diz Schiller.

> *"O ser humano brinca somente quando é verdadeiramente ser humano e somente é ser humano pleno quando brinca." (Schiller, s. d.)*

Quando a criança brinca, ela ativa o cérebro por meio da imaginação, da capacidade de concentração e da escolha de alternativas.

Como é sabido e comprovado, dos 2 aos 6 anos, ocorre uma mudança crítica na formação cerebral, com aumento da quantidade de neurônios. Por isso, brincar nessa fase é fundamental. O cérebro vai se esculpindo conforme as experiências passam nesse período. Se determinados circuitos não forem ativados, há uma poda dos neurônios não utilizados.

"Educar para ser" é proporcionar as condições necessárias para que, num encontro com o ser, essa educação resulte no despertar de toda a potencialidade intrínseca nesse ser.

Essas condições necessárias se encontram na natureza, no universo, e, portanto, "educar" é saber disponibilizar essas condições de maneira adequada e de forma multidisciplinar, em que o educador, médico, psicólogo e sacerdote se fundem e coabitam nessa função de educar. Isto é, a concepção de educação vinculada à sacralidade do ser humano, e com isso quero dizer considerando sua totalidade: o corpo, a mente e o espírito.

O educador não é aquele que simplesmente tem conhecimento técnico, memória acadêmica, mas sim aquele que se mantém perceptivo, que está aberto ao divino, inclusive às memórias arcaicas inscritas em nosso corpo físico (de doenças, prazeres, alegrias ou ressentimentos), e que, portanto, sabe "escutar" o físico, o psíquico e o espiritual, na linguagem do sagrado que existe nas relações, como um eco de uma voz silenciosa, mas forte internamente.

O educador é aquele que está conectado à natureza, ao sagrado e à inteligência da comunhão do coração com o racional.

Essa escuta do coração é um constante exercício silencioso e espiritual, de atentividade, de cuidar do outro, pois escutar é o princípio da saúde geral.

É ter a humildade para aceitar e permitir que a inteligência criadora seja mestre da nossa conduta, assim como ela naturalmente é, e equilibre a impermanência caótica de tudo que nos cerca.

O educador é aquele que serve os deuses, a família e a sociedade, que cuida do corpo físico (soma), da psique (emoções), do *nous* (a consciência), do pneuma (o sopro), das imagens que habitam sua alma e das palavras que os deuses dizem à sua alma.

Cuidar é prestar atenção no sopro que anima o corpo desse ser, e por *nous* ou dimensão noética entende-se também a inteligência contemplativa do coração, a dimensão do silêncio que nos habita e é acessível pelo relaxamento profundo e por práticas de meditação, ou seja, a parte divina do homem.

As sensações, os sentimentos, os pensamentos e as ações desse ser em processo de educação deverão sempre estar em sintonia e harmonia com o todo, tomando como veículo as percepções (sensações e intuições) com a natureza física da terra em que vivemos.

Dessa maneira, desenvolvemos valores essenciais no ser e, com isso, fortalecemos seu eu e permitimos o desenvolvimento de suas percepções, de sua autoconfiança, sua coragem e amor, podendo, cada vez mais, explorar tudo ao seu redor, sem medo, com a mesma graça, sensualidade, acuidade, firmeza e instintividade que observamos nas inter-relações de todos os seres vivos na natureza, isso somado, é claro, à sua capacidade de raciocínio e intuição.

Nossa educação deve contemplar e se orientar por quaisquer questões que envolvam filosofia (sentido da vida), tradições espirituais e religiosas, ecologia (ciências físicas) e psicologia sagrada, considerando o indivíduo dentro de sua sociedade, ou seja, para alcançarmos uma sociedade justa, devemos transcender a realidade pessoal, minimizando, assim, as feridas coletivas causadas pela concentração de riqueza, violência, corrupção, tráfico de drogas, prostituição etc.

Devemos estar atentos aos sentidos da razão, da intuição, das sensações e das emoções (sentimentos), num espectro amplo (do mundano ao cósmico), pois, se nos fecharmos em qualquer uma dessas funções, em qualquer nível, estaremos causando prejuízo à nossa saúde individual, à sociedade e à Terra.

Estarmos fechados para as nossas sensações e viver sem lhes dar atenção pode nos levar ao esquecimento de nossa natural dimensão terreno-cósmica. A nefasta separação entre a nossa cultura racionalizada e a natureza produz uma civilização "geocida", que não respeita o ecossistema.

Porém, temos também o outro lado da moeda. O fechamento ao campo da razão nos deixará apenas em um mundo sem estruturação, vulnerável e facilmente sucumbido às emoções, e, se nós sucumbimos, isso significa que já não conseguimos a comunhão do racional com o emocional, caminhamos perdidos de nós mesmos, anestesiados, e, assim, normotizamos mais e mais padrões comportamentais.

Tudo que é automatizado, normótico, tira o indivíduo do seu centro, do seu eixo, e, portanto, um tratamento simplesmente amoroso não é suficiente para que esse ser tenha seu eu, sua percepção, sua autoconfiança, sua coragem, sua sensualidade e amor desenvolvidos e fortalecidos.

Esse ser precisa de proteção estrutural. Ou seja, muita sensibilidade na conduta de humanização é necessária para proporcionar essa educação em sintonia com a natureza, incluindo a lógica aplicada aos sentimentos, para o desenvolvimento e uma estruturação sólida do corpo caloso no indivíduo.

Estou falando sobre a mente "adquirida" a serviço da mente transpessoal ou mente original, como descrita pelos orientais, e, nesse caso, ela deixa se ser vilã, pois está ligada àquela mente intuitiva, conectada à natureza e, internamente, aos sentimentos.

Distingo "raciocínio" de "lógica linear", como já elucidei no capítulo sobre lógica dual.

A lógica linear é algo que um artista tem, às vezes, bastante dificuldade de desenvolver. Por vezes, o mesmo esforço e energia que um aluno de ciências exatas despende para desenvolver suas habilidades do lado direito do cérebro é o que o aluno de artes precisa despender para desenvolver seu lado esquerdo do cérebro.

Assim, ambos fortalecem a comunicação entre os dois lados do cérebro.

A estruturação do corpo caloso e a expansão do eu advêm desse exercício contínuo, dessa musculação interna. Como vimos, um verdadeiro fortalecimento da psique. É a estruturação de pensamentos que inclui todas as capacidades do ser, tal qual representada pela figura de Michael na antroposofia, em que todo mal é controlado, anulado, mas não destruído, ou seja, podendo ainda trabalhar a sombra como força transformadora!

As atitudes em nossas vidas se dividem em positivas (construtivas) e negativas (destrutivas).

Ajudar na estruturação de valores essenciais, fundamentais de um ser é saber passar adiante todo ensinamento de vidas; é, de fato, contribuir para uma "bola de neve positiva" imensurável. Uma grande ação baseada no amor. Por isso a educação é *a* tarefa mais importante de nossas vidas para nos levar a uma expansão de consciência coletiva.

É a estruturação de valores versus a desatenção, a banalização de valores, a desestruturação, em que o ser se "perde" pelas imagens e demandas externas em uma vida, muitas vezes, sem sentido.

O tal "distrair-se" no sentido de "não trazer pra si", o "divertir-se" no sentido de *divert* (em inglês), ou seja, mudar o foco da atenção para longe de si.

Sabedoria sagrada *versus* ignorância

Essa é a grande diferença para se criar o fluir com a vida cósmica. Criar seres com valores, virtudes, tal como paciência, entre outras, mas, principalmente, baseados na verdade e no respeito, consigo, com o outro e com a natureza, isto é, uma estrutura fundamentada na integridade dos relacionamentos em todos os âmbitos.

Com a estruturação de valores, temos condição de ir em busca do nosso Dharma, da nossa obra-prima na vida, em que deve estar nosso verdadeiro foco.

Claro que existem fatores externos (acidentes e traumas) que podem nos tirar por tempos do nosso foco, mas o ser bem estruturado em valores essenciais tem condições de não sucumbir nas emoções, e suas ações, por si só, não acarretam culpa, medo e consequente dor e sofrimento desnecessários.

Alguns traumas ou acidentes vivenciados são, às vezes, imprevisíveis, incontroláveis e inevitáveis pelo ser em educação e, pior ainda, também são, na nossa realidade atual, muitas vezes causados pela falta de estrutura dos próprios educadores.

Esses acidentes ou traumas eventualmente causados pelos próprios educadores são os grandes entraves e os responsáveis pela formação de falsas crenças no ser em processo de educação, e trazem, por negligência, o medo e a culpa como companheiras, eventualmente, pelo resto da vida desse ser.

A partir daí, se uma abordagem apropriada não acontecer, esses medos e culpas podem crescer e se desenvolver, incessantemente, transformando-se em várias formas de síndromes e medos — medo da perda em geral, da perda de controle, do enlouquecer, de morrer. E, com toda a perda de confiança e autoestima, pode-se também desenvolver até o medo de ser feliz, da clara luz, do aberto.

A tristeza só há de passar entristecendo-se. Não se pode esquecer alguém antes de terminar de lembrá-lo. Quem procura evitar o luto prolonga-o no tempo e desonra-o na alma. A saudade é uma dor que só pode passar depois de devidamente doída, devidamente honrada.

Os momentos de esquecimento, conseguidos a alto custo, com comprimidos ou com qualquer tipo de fuga, pagam-se depois em condoídas lembranças que se desdobram.

Para esquecer, é preciso deixar o coração percorrer, de lembrança em lembrança, até que não tenha mais a necessidade de revisitá-las ainda na dor.

Um puro conflito interno, ou seja:

» Medo de sermos incapazes e medo de sermos poderosos.
» Medo da escuridão e medo da luz.

Nelson Mandela disse:

> Geralmente nos perguntamos: Quem sou eu para ser brilhante, atraente, talentoso e incrível? Na verdade, quem é você para não ser tudo isso? Bancar o pequeno não ajuda o mundo. Não há nada de brilhante em encolher-se para que as outras pessoas não se sintam inseguras em torno de você. E à medida que deixamos nossa própria luz brilhar, inconscientemente damos às outras pessoas permissão para fazer o mesmo. (Mandela, s. d.).

Portanto, o ser em educação deve também aprender a tomar a dor, independente da sua origem, como processo de autoconhecimento e estruturação interna.

Há sempre uma dor na alma, e a proposta é acolhê-la. Isso não é fácil, claro. Uma vez sendo aceita e acolhida, a alma reconhece a força da dor. A alma, no estado de dor, gera, e o que por ela é gerado é de vital importância.

A dor carrega consigo (longe da culpa e do medo) algo que pulsa e vibra de maneira muito positiva, e, em algum momento, ela passa a gerar valores essenciais.

Como tudo na vida, a dor navega entre o amor e o medo, e necessita da "musculação interna baseada no amor" para a estruturação desses valores.

Nesse sentido, a dor pode ser concebida como uma força criativa, positiva, construtiva (ligada ao amor) ou destrutiva (ligada ao medo ou à culpa).

Devemos, portanto, primeiro receber o que vem — e da maneira como vem — e aceitar a dor, para depois trabalhar esses valores trazidos por ela.

Sei que muita mudança pode acontecer pela transmutação das energias (das vibrações) por vivências ou simplesmente através da meditação (do aquietamento da mente), mas algumas transformações requerem a nobreza da coragem do autoconhecimento pela expansão da consciência através da desconstrução e reconstrução!

Coragem para encarar a dor para se expor à verdade, ao confronto, para quebrar paradigmas, para dar os primeiros passos que colocarão esse ser no curso positivo e o libertarão para novos planos de vida, que o levarão à plena realização e contentamento.

A união das energias femininas e masculinas também nos leva a um novo padrão vibracional capaz de dissolver e transmutar antigos padrões energéticos, memórias e comportamentos.

As decisões mais difíceis (corajosas) exigem a revisão de crenças, a saída da zona de conforto, da acomodação e da ausência ou omissão por insegurança de resultados.

Para o educador, a abertura para o novo também requer coragem de promover diálogos multidisciplinares, ou seja, lógica e espiritualidade, comunhão do feminino e masculino, a libertação das expressões, da criatividade, da sexualidade e da agressividade, que geralmente são tolhidas no ser.

Todas as nossas expressões, tais como a dor, inclusive a sexualidade e a agressividade (sobre a qual falarei logo adiante), navegam entre o amor e o medo.

Um futuro de sucesso está na comunhão equilibrada entre as energias masculinas e femininas. A energia feminina tem um papel imprescindível de transformações na era em que vivemos, mas sei que muita sombra ainda terá de ser vivida, através da energia feminina, até que essa comunhão possa acontecer.

Segundo os vedas e a própria ayurveda, vivemos na era de Kaliuga, de muito sofrimento até uma expansão da consciência coletiva.

Estamos traumatizados com o excesso do lado sombrio da energia masculina do passado responsável pelas guerras e pelo poder monetário, mas podemos esperar que a energia feminina, por si só, reestruture essa sombra da energia masculina?

A energia feminina também está em desarmonia e desamparada, e por isso também vive à sua sombra.

A harmonia só é possível na união das duas energias com os valores essenciais bem estruturados, e isso nós temos condições de trabalhar, elaborar hoje.

A energia feminina, com toda a sua sensibilidade e sexualidade, dá base para a energia masculina acessar os sentimentos e é o canal aberto para o divino.

A energia masculina, com sua lógica alinhada aos sentimentos (trazida pela energia feminina), é o meio para a estruturação e preservação do canal desse acesso ao divino.

Precisamos entender como o medo interfere nesse processo de estruturação.

O primeiro passo é estar consciente do quão identificado o ser está com a estrutura da sociedade baseada na energia do medo, a qual está presente em todo lugar via normas e regras estabelecidas nas cidades, nas escolas, nas empresas ou em outras instituições.

O medo traz apatia, passividade, e, como disse anteriormente, a amorosidade excessiva pode estar encobrindo um forte estado de medo.

É muito difícil tomar decisões que ainda não sejam "estabelecidamente" óbvias para uma maioria, ou seja, sair de uma zona de conforto, apostando em uma visão, digamos, apenas intuitiva.

É necessário um certo grau de "arrojamento" para se tomar passos que não são seguros, sem ter a garantia de resultado.

Ser arrojado em suas atitudes para a transformação interna não tem necessariamente a ver com competitividade externa.

Por isso devemos estar muito atentos ao que estamos reprimindo e precisamos passar da postura de reprimidos para destemidos, o que certamente nos faz sentir mais vivos, não apáticos.

O medo gera revolta, violência. O oposto do medo é o amor! O amor gera coragem, o "agir" com o coração, a sutil e tênue agressividade, aquela tensão interna mínima de que tanto precisamos para as grandes transformações e para um equilíbrio em todos os âmbitos de relacionamentos em geral.

O eu estruturado, pronto para enfrentar o medo: o eu liberto!

O problema é que a maioria das pessoas está tão sofrida, traumatizada e também tão influenciada pela mídia (que induz à passividade), que qualquer indício de uma postura firme já pode remontar a "algo violento" e ser motivo para repúdio, aversão, negação e reação!

> *"A vida começa quando o medo acaba."*
> *(Osho, 2006b)*

Com a ressignificação e a desidentificação, inicia-se o processo de cura, como abordado.

Essa comunhão nos possibilita ser livres e colocar nossa força vital (nossa libido) onde quisermos — no trabalho, na sexualidade e na busca do nosso Dharma.

Portanto, criar um ser livre não é deixá-lo fazer o que quiser aleatoriamente, mas sim educá-lo a agir com base nos valores essenciais.

Ser livre é ser bem estruturado nesses valores essenciais, como mencionado anteriormente, de modo que quaisquer ações que quisermos tomar não acarretem em culpa, medo e consequente sofrimento desnecessário.

A necessidade intensa que temos de evoluir vem do sofrimento causado a nós mesmos, por ações não consistentes com tais valores essenciais.

Falaremos um pouco, então, sobre a agressividade. Aquela que precisamos para manter, por exemplo, a firmeza de limites no respeito a nós mesmos no que tange, inclusive e principalmente, ao crescimento espiritual.

Correr riscos, e, consequentemente, sair da zona de conforto, é necessário para ampliarmos nossos campos de aprendizagem e espectros de percepção!

Não é fácil falar sobre o termo "agressividade", com certeza, muito mal interpretado e, a meu ver, constantemente usado de maneira errada. Um tema muito delicado, em função da falha de linguagem humana e do costumeiro uso inadequado da nomenclatura. Isso sem falar que estamos simplesmente traumatizados com a palavra "agressividade"!

O problema é intrinsecamente cultural. Esse termo é usado e enfatizado de maneira errada pela própria psicologia, rotulando e colocando a "agressividade" e a "violência" no mesmo pacote.

Essas são as definições de tipos de agressividade usadas pela própria psicologia e psicanálise: "Hostilidade, agressão deslocada, agressão aberta, agressão dissimulada, agressão inibida, autoagressão, automutilação, suicídio etc.".

Ou seja, não há nenhuma distinção, pela psicologia comum, entre agressividade e violência. A confusão é incessante.

Distinções básicas a meu ver:

AGRESSIVIDADE

É um instinto nato do ser (visto até em bebês, por exemplo, pelo choro e grito), portanto conectado ao divino, que demanda ação de posicionamento na vida, baseada em valores essenciais, perante situações que, de fato, requerem presença e atitude necessárias do ser estruturado, seja sob situação de tensão ou não, para sua contribuição construtiva, por amor, na mudança de direção, sua ou do outro.

Exigem-se lucidez e ponderação em processos decisórios. Ação com consciência, positiva e altruísta, que agrega valores e leva ao equilíbrio e à harmonia. É uma ação proveniente da comunhão da lógica com o amor. Ou seja, a comunhão do feminino e do masculino, dos lados direito e esquerdo do cérebro. E, por isso mesmo, compreendida ou reconhecida por poucos.

A física diz que, sem uma força externa, tudo permanece em inércia.

VIOLÊNCIA

É uma reação, resposta baseada em desestruturação interna, ignorância, traumas mal trabalhados.

É proveniente do excesso de energia masculina baseado em sentimentos, tais como o medo, a culpa ou a raiva.

Portanto, não é uma atitude requerida ou necessária para a construção de nada, para nenhuma mudança, ao contrário, tem um caráter destrutivo. É reativa, impulsiva e sem ponderação. Fundamentada em um ego ferido.

Gera uma bola de neve negativa, pois em nada agrega, não transforma positivamente, ou seja, medo gera violência que gera medo indefinidamente...

O medo gerado só atrapalha os processos decisórios! Portanto, reprimir a agressividade é:

» Intimidar a "presença" do ser, tirando-lhe parte da sua vitalidade e conexão com o divino.
» Reprimir a capacidade de ação em momentos de extrema importância na educação e formação de valores.

Se eu precisasse caracterizar esses termos com uma temperatura, diria que a temperatura da agressividade é morna, pois exige uma determinada tensão interna para tomada de decisões em situações difíceis, tênues, delicadas, enquanto a violência é de temperatura quente, explosiva e sem questionamento interno.

A agressividade é a tensão interna que une, que tonifica, que desperta o eu (seu ou do outro) adormecido!

Excluir a agressividade é excluir parte da energia masculina que está em todos nós, que está no equilíbrio da natureza.

Tal qual as forças da natureza, precisamos estar estruturados, atentos e prontos para agir com acuidade.

Vamos a alguns exemplos:

» Impor limites no que tange às visões das tênues linhas que definem e dividem educação e não educação, estrutura e desestrutura, sabedoria e banalização (quantos pais não conseguem colocar limites por se sentirem culpados?);
» Excluir alguém da sua vida; fechar a porta para o mal (eventualmente, uma atitude física energética pode

até ser necessária, buscando produzir possibilidades positivas de transformações, como as representadas pela figura de Michael na antroposofia. Obviamente, não estou falando de violência física);
» Lutar contra o mal, interno ou externo (o sacrifício da escolha, entre uma atitude negativa, em situações que possam alavancar ressentimentos — por mais que ela traga prazer momentâneo —, e uma atitude positiva de construção a longo prazo, que exige presença, firmeza de postura e determinação. Como mencionado, o sacrifício significando "o tornar sagrado", tornar o nobre mais nobre, mais sublime);
» Mudar uma situação de acomodação interna, sua, ou externa, para com quem se ama.

A agressividade está, também, na atividade física mais intensa, tão importante para explorar uma compreensão espiritual de força, do espaço e dos limites.

Atingir o espiritual através do físico: esse é o princípio das artes marciais. A antroposofia explora isso. Nuno Cobra sempre explorou essa abordagem também. Um excelente meio para chegarmos ao nosso eixo.

A relação com um animal forte em que se exige um pouco de presença e atitude, sem a necessidade do uso de força, como temos na relação com o cavalo, é um bom exemplo dessa abordagem.

Explorar nosso centro de força vital (*hara*) de domínio sobre o medo. São a agressividade (como força interna, positiva e amorosa) e a sensualidade da própria natureza se relacionando lado a lado.

Devemos tomar cuidado para não potencializar a ideia de saúde frágil e a preocupação excessiva com nossa saúde emocional, não conectada a uma estrutura lógica, pois isso pode nos conduzir a um foco estrito no nível de nossos sentimentos e emoções, inclusive no âmbito do coletivo (que volta a nós mesmos), pois esse que nos transcende também nos influencia, ou seja, o fechamento ao campo da razão, sem o uso dela, nos deixa em um mundo sem estruturação, vulnerável e facilmente sucumbido às emoções com perda de poder de ação no mundo.

Precisamos, claro, continuar à procura da elevação da consciência individual e, consequentemente, coletiva.

Com a consciência elevada atingindo uma massa crítica, toda mudança chegará de uma maneira espontânea e natural.

XIX – EMERGÊNCIA ESPIRITUAL: "BENDITA CRISE"

A emergência espiritual (no sentido de urgência ou elevação), chame-a também de intensa ou branda, repentina ou lenta, longa ou breve, crise ou simplesmente fase de mudanças, é inerente e intrínseca à humanidade, e ela acontecerá, em que grau for, a qualquer ser humano na face da Terra em algum momento da vida.

Essas emergências são partes do nosso complexo processo de evolução, que nos conduz a uma forma mais madura e plena de viver e nos permite atingir um nível de liberdade de escolhas, individuais ou coletivas, incomparavelmente superior ao vivido anteriormente às "emergências espirituais", quando bem trabalhadas. Certamente, essas fases alavancam um aprimoramento, um refinamento, uma sublimação do ser devido à reestruturação de valores e propósitos que não sejam mais exclusivamente materiais, pois estes já não expressam mais o potencial de ser um humano.

Esse potencial de crescimento espiritual é tão inerente ao ser quanto o próprio desenvolvimento físico, e, quando isso é percebido de maneira lúcida e consciente, podemos dizer que ingressamos na jornada espiritual.

Atingir ou não o potencial de transformação que uma emergência espiritual nos traz como possibilidade depende, então, de como encaramos esses momentos, essas fases.

Se nos fechamos no medo e resistimos às mudanças tentando "controlar" o que sentimos como se fosse algo que simplesmente nos incomoda, nos oprime, por nos tirar da zona de conforto, então estaremos desperdiçando a chance de elaborarmos essa avalanche de sentimentos, sensações e percepções que esses momentos nos proporcionam.

Claro que uma crise repentina, intensa e longa exige mais paciência e estrutura interna para que ela seja superada, sem que sucumbamos às emoções e para que consigamos então elaborar todas as sensações e percepções, ressignificando cada imagem formada e compreendendo cada memória e impressão até "fecharmos" o processo de cura.

A moderação racional, nos processos intensos e longos, é de extrema importância, pois o racional nos ajuda a segregar e direcionar nossa atenção e cuidado por etapas, proporcionando, assim, um distanciamento fundamental da avalanche emocional que, de outra maneira, poderia ser impossível "administrar" sem convalescer.

A conclusão de cada um desses processos de cura significa um salto quântico importante pelos nós energéticos desatados e que nos torna psicologicamente "limpos e leves" com percepções e visões espiritualmente ampliadas para as novas fases que virão.

O pictograma chinês para "crise", composto de dois sinais elementares, significa, respectivamente, "perigo" e "oportunidade".

Se a oportunidade da "crise" não for apropriadamente aproveitada ou conduzida, resquícios e sequelas de sentimentos não resolvidos permanecerão, e essas impurezas e bagagens poderão ser carregadas por tempo indefinido, ofuscando nossa visão e percepção em relação a tudo que vivenciaremos desde então, até o momento em que voltemos a esses sentimentos para trabalhá-los de maneira adequada.

Portanto, o lado perigoso da crise é o de não darmos a devida atenção a ela, podendo até nos levar a psicopatologias graves e crônicas, dependendo da importância dessa emergência espiritual.

XX – O ALINHAMENTO ATRAVÉS DAS EXPRESSÕES NAS ARTES

O pensar e o atuar de maneira positiva são, em si, uma rica fonte de sabedoria. A luz por detrás do problema.

É como colocarmos água límpida em um recipiente com água turva até que esta fique transparente, sem resíduos.

O moderno "*coaching* positivo" trabalha dessa mesma maneira com o ser, trazendo uma limpeza para a nossa mente para que consigamos ter uma visão clara de cada situação real e um poder de elaboração que vem intrinsecamente com essa nova visão.

Nessa linha, tenho para mim a arte como uma rica fonte de positivismo.

> O imaginário expresso por meio da poesia, da literatura, da imagem, da música, da cena, do cinema, da dança, da pintura, é um precioso canal de produção de sentidos, que organiza nossa visão do mundo, e dá a ele consistência, alma. Quando podemos ser autores de uma visão de mundo que faça sentido, podemos nos constituir como cidadãos deste mundo, mantendo com ele uma relação critica, sensível, efetiva e feliz. (Kohl *apud* Feldman, 1998, p. 30)

A expressão através da arte, em geral, da atividade física atenta e da verbalização, leva consigo um potencial de cura no homem.

A arte traz o fortalecimento das capacidades do lado direito do cérebro conectadas à mente original ou transpessoal, e a atuação física atenta e com intenção, como percepção espacial, promove o desenvolvimento do lado esquerdo do cérebro também conectado à mente original.

E por último, porém não menos importante, a verbalização nos presenteia com o exercício de conexão entre esses dois hemisférios do cérebro.

A atuação da mente atenta e com intenção nos leva a uma sensação de presença e conexão com o todo ou com a nossa mente transpessoal, tal qual o método *mindfulness* propõe.

A música

O potencial terapêutico das artes em geral, dramaturgia, dança, pintura, entre outras, é gigantesco, mas, para mim, a que me impressiona mais é a música, pois ela sozinha, com as várias possibilidades de inteiração que nos proporciona, é a que melhor representa a espiritualidade e a inteligência universal no nosso mundo material.

Para o nosso conforto e melhor inteiração, a música pode ser entendida em sua matemática, e a sequência numérica de Fibonacci (proposta pelo matemático italiano Leonardo de Pisa) nos mostra ainda como compreender parcialmente a linguagem da linha de criação do universo através da escala musical, assim como compreender também formas orgânicas encontradas na natureza.

Como mencionado, Ouspensky (1982) nos presenteia com esse paralelo, essa similaridade de linguagem, entre a música e a linha de criação do universo, de forma fascinante no seu livro *Fragmentos de um ensinamento desconhecido*.

Porém, o que há de mais admirável na arte é a sua capacidade esotérica de nos transportar a diferentes estados de consciência, nos alimentando com novas percepções, mas particularmente de sentimentos não acessados até então.

É o mundo do milagroso e do desconhecido acontecendo à nossa volta!

Esses estados alterados de consciência, que a arte pode proporcionar, são portas abertas de acesso ao nosso inconsciente e, por isso, também um instrumento terapêutico potencialmente poderoso.

A atividade física atenta

Tenho a atividade física também como uma importante ferramenta de desenvolvimento humano.

> *A coordenação motora é um verdadeiro fluxo (ponte) de relação com o meio e, como um órgão sensorial, é uma fonte rica de percepção do espaço-tempo.*

A partir do momento em que não há interesse pelo corpo físico, ou seja, por atividades físicas, começa então a "morte" do corpo, a perda de destreza e, com isso, a perda de um importante fluxo de relação com o meio, de percepções, de ponderações, de troca.

Essa troca com o meio através do físico é uma rica fonte de alimentação ao nosso sistema de "elaborações positivas sobre sentimentos e sensações".

Atividades com destreza, tais como dança, artes marciais (por exemplo, Tai Chi Chuan, Chi Kung, Aikido e Kung Fu), entre outras, em que a força física não é demasiadamente requisitada, mas a presença mental, a atentividade e a interação se fazem prioritariamente necessárias em tempo integral, são fundamentais para que essa troca de percepções flua com moderação de forças e equilíbrio, promovendo o respeito e a reverência pelo e ao outro.

É o "chamado" pela "presença" do ser em muitos dos seus sentidos, e o tempo de ação é um ótimo medidor dessa "atentividade" no aqui e agora.

O aperfeiçoamento em algumas dessas áreas de atividades físicas é o desenvolvimento da coordenação, da sensibilidade, da presença e da percepção, através da elaboração de nossos sentimentos e sensações, tal qual se faz no trabalho da própria psicologia.

Esses estímulos não só nos mantêm com o corpo "vivo", mas também nos ajudam a manter sentimentos de "medo" sob "controle", sob a perspectiva da atentividade, ou seja, a nossa "presença" constante não nos deixa no "escuro", não nos deixa entrar na sensação de estar à mercê do acaso.

O intuito da arte marcial é o de despertar o poder da mente em compreender as energias na sua manifestação dinâmica. Esse treino desperta nossa sensibilidade, desenvolvendo-se a capacidade de resposta intuitiva aos movimentos múltiplos e simultâneos.

Nossa "mente" é representada metaforicamente nas artes marciais por "nossa espada interna", que nos ajuda a vencer os obstáculos da vida. Quando estamos maduros, sabemos utilizar bem a espada e fazemos bom uso dela (a boa guerra), mas, quando ainda não estamos preparados, ela pode ferir. A espada interna é a nossa espada da vida que constrói e conquista a sagrada paz.

Quando estamos com ela em comunhão com o coração, todo corte é construtivo e está a serviço de romper com os apegos e os maus hábitos que nos prendem na cela do exército inimigo, mas, quando não estamos com ela em comunhão com o coração, essa espada é dominada pelo medo, e, para nos protegermos, ela corta, corta e corta, até mesmo quem está do nosso lado, aqueles que são nossos aliados.

Se a utilizamos corretamente, nos tornamos cada vez mais responsáveis pela espada que carregamos, na medida em que vamos amadurecendo, até alcançarmos nossa essência, gerando vida e amor e nos sentindo mais leves e plenos e sem a necessidade de lutar, ou seja, desenvolvemos o amor e a consciência ao percorrermos esse caminho.

O caminho da espada é justo, pois, se em determinado momento os cortes que provocamos estão desalinhados com o coração e estão servindo o exército inferior, aprendemos, sem culpa, que esse é o caminho do desenvolvimento da consciência.

É um estudo interno e profundo sobre nossos atos e a serviço do amor maior ou da energia inferior, do positivo ou do negativo. O que existe de fato é a responsabilidade de compreender que estamos onde nos colocamos e que colhemos aquilo que plantamos. O que queremos para a nossa vida? Amor? Então nossos cortes exigem consciência!

O caminho da espada é solitário, pois é um caminho sagrado entre você e seu mestre interno. Por mais que no externo estejamos eventualmente rodeados de bons guerreiros, esse honrado fato não nutre o buraco interno da nossa solidão, por isso devemos pegar a espada na mão e mergulhar fundo nessa caverna escura com a intensão de iluminá-la. Só assim vamos vencer esse fantasma e conseguir sustentar a solitude.

O caminho da espada é sagrado, pois o que ele nos ensina é fazer a boa batalha, combater o mau com amor e consciência. Ensina que os nossos atos devem ser plenos de sabedoria e que cada corte deve ser usado para gerar vida e vitalidade para todos aqueles que com ela tocamos. A conquista do "controle" sobre o medo, via atividades físicas, supre o ser com a percepção de preservação própria, nos ensina sobre a colocação de limites quanto ao respeito a nós mesmos, inclusive no que vem dos outros, e, da mesma forma, aprendemos a respeitá-los.

O controle da mente, nesse sentido, é algo fascinante!

XXI – CONSTRUINDO A PONTE (CORPO CALOSO)

A associação do nosso corpo caloso à inteligência universal é a verdadeira expressão vital do ser. Vejo o "desenvolvimento" progressivo da comunicação entre a lógica e as emoções regido pela inteligência universal tal qual o amadurecimento natural de uma fruta, até atingirmos alguma iluminação. Percebemos claramente isso na diferença de consciência coletiva entre quaisquer dois momentos distintos da história humana, por influência de astros ou não, mas como sendo orquestrada por uma consciência maior.

Porém, há um espectro enorme de pessoas bem elaboradas que ainda não chegaram a um despertar. Há um estado, aquém do despertar, contemplado por seres muito bem elaborados (que acontece, digamos, perante um estágio ainda em defasagem ou desequilíbrio entre a lógica e o emocional), em que os insights podem ser sucessivos, mas a compreensão ainda não é suprema, ou seja, ainda existe um fino véu que os separam da grande verdade.

Quando o desenvolvimento lógico-emocional, em sincronia com a inteligência universal, atinge a maturação, o despertar é atingido, e é aí que se dá a verdadeira comunhão harmônica com o todo, e os milagres acontecem sem a necessidade de nenhum grau maior de misticismo.

Não existe distância entre o espiritual e o material como tendemos a acreditar. Tudo se une no aqui e no agora!

PARTE V

O SER HUMANO COMO SER REALIZADOR ENTRE OS MUNDOS

XXII – PODER ESOTÉRICO E EGOS INFLADOS

Gostaria de chamar a atenção para o fato de que "egos inflados" e "falta de valores" estruturados existem em qualquer área, ou seja, ser humano é ser humano independente de em qual área este foque suas atividades.

Em se tratando de atividades voltadas à área de saúde, tal qual terapias em geral, a atenção para a falta de valores estruturados deve ser redobrada, pois a proposta dessas áreas tem um compromisso, maior que nas demais áreas, com o bem-estar do outro.

O ego inflado e/ou a falta de valores estruturados podem levar o profissional a entrar no jogo do poder, assim como acontece, por exemplo, numa área corporativa, executiva, o que, pela responsabilidade do comprometimento assumido com o bem-estar do próximo, considero como faltas mais graves nessa área da saúde do que na área, por exemplo, executiva.

Não me refiro aqui somente a politicagem, corrupção e manipulações subliminares para direcionar acontecimentos conforme interesses próprios, mas também à indução ao falso controle de poder e energias com interpretações especulativas sobre qualquer abordagem sutil e subjetiva que envolva a área de saúde como um todo.

Claro que apenas uma intenção verdadeira já pode criar um movimento positivo, portanto só quero trazer que não é simplesmente por estarmos numa área mais humana que somos seres melhores, é justamente aí que temos uma responsabilidade maior de nos cuidarmos de fato para construirmos essa troca de forma íntegra.

XXIII – MEMÓRIA *AKÁSHICA*

Disponibilizarmo-nos significa "permitir com atentividade" que nos tornemos canal de acesso à inteligência universal e à sua memória, que denominamos memória da natureza ou *akáshica*.

Para ilustrar melhor, essa memória da natureza ou *akáshica* (*akash* é uma palavra de origem sânscrita, que significa "éter", e é a substância energética da qual toda a vida é formada) contém toda a informação sobre o desenvolvimento global e do nosso verdadeiro ser e denomina um plano da consciência cósmica que abrange todo o potencial intrínseco do que ocorre, ocorreu e ocorrerá no universo com todos os conhecimentos necessários para prover nossa sobrevivência e para facilitar nossa evolução.

A memória *akáshica* não é física e não depende do raciocínio, mas necessita dos nossos cérebros e neurônios para se manifestar, através de nós, nesta dimensão densa.

Nesse processo, usamos os dois lados do cérebro ao mesmo tempo. Um para captar a ideia subjetiva através da impressão e das sensações (cérebro direito) e o outro para compreender e expressar racionalmente, dar forma material, concreta (cérebro esquerdo). Um processo de tradução de informações.

Esse processo acontece com muito mais facilidade quando estamos em alinhamento energético dos chacras.

Nessa conexão, as possibilidades são infinitas, e podemos, potencialmente, nos tornar um canal de luz, energia, força, cura, clarividência...

Com atentividade, podemos perceber mensagens e/ou insights trazidos pela inteligência universal ou a memória *akáshica*, por exemplo, através de sonhos, intuições, regressões ou até mesmo durante ações rotineiras (via sons, odores ou sensações) ou, ainda, em qualquer outra situação em que nossa mente/razão esteja relaxada e o nosso inconsciente traga situações, de natureza cármica individual ou coletiva, que a inteligência universal pode nos ajudar a resolver.

Muitas vezes uma situação de *déjà-vu* pode ser um relâmpago de percepção e visão da realidade, ou seja, um furo no véu da ilusão, uma falha na Matrix, como descrito no filme.

Esse "instrumento ao aberto" nos permite perceber a limitação de nossos padrões e crenças, que criam véus de ilusões ao redor da nossa alma. Na medida em que desvendamos esses véus e aprendemos nossas verdades e os "nãos" que falamos para a vida, voltamos cada vez mais próximos e conscientes do que verdadeiramente somos, recuperando a própria divindade, a conexão com tudo que existe, estando mais livres para permitir à alma voar a níveis mais altos.

Isso nos faz recordar nossa condição de unidade divina. Um canal para a comunicação direta com nossos mestres e anjos.

Essas "memórias" revelam situações que no momento presente nos ajudam a revisar as situações cármicas, conhecer o propósito de nossa vida, esclarecer os vínculos e as passagens nesta vida, pois estão formadas por uma massa de informações acumuladas das encarnações vividas, para nos auxiliar na elevação e, também, para o bem de todos que nos cercam.

Ao compreendermos nossas vidas, podemos alterar as nossas emoções, os pensamentos, as atitudes e as intenções sobre o presente e o passado e, a partir daí, interferir positivamente sobre o futuro. Podemos mudar a nossa vibração, que afeta a vibração de quem nos rodeia, que por sua vez afeta a vibração de quem as rodeia também, e assim entrar num ciclo positivo de mudança em escala global.

XXIV – NOVOS CAMINHOS

Replico neste capítulo palavras de Fabio Novo (2014) quanto aos novos caminhos da humanidade.

Se pensarmos sobre o que podemos, realística e efetivamente, fazer por nós dentro do que nos cabe como humanos no contexto da linha de criação do infindo universo, ou seja, um pouco mais do que simples mortais de carne e osso, podemos ser considerados como compostos por, digamos, até nove "corpos" ou "camadas" se assim quisermos chamar, sendo elas: o físico, o energético, o emocional e o mental nos campos mais "densos", e os "corpos" sutis sendo o causal, o espacial, o luminal, o sonoro e o essencial.

Podemos, claro, reduzir essa abordagem, mas aonde quero chegar é que, mesmo que de fato sejam "nove corpos" (descritos e relacionados por alguns como sendo "chacras" numerados de zero a oito, em que o zero está abaixo do chacra raiz e o oito está acima do chacra da coroa, nos limites de nossa aura astral), qual a nossa responsabilidade básica e mínima para cuidar deles?

Sem falar em uma boa alimentação e cuidados estritamente físicos, se cuidarmos do corpo emocional através da união mente e coração, nós estaremos, em consequência, cuidando de todos os outros "corpos" e de todas as suas potencialidades pertinentes ao ser humano como parte integrante e interdependente da linha de criação do universo.

Pensando de maneira mais esotérica e, por um instante, tentando compreender um pouco sobre a potencial interferência ou ajuda que podemos ter da inteligência universal no fluxo evolutivo global, é ela que nos dará base para novas qualidades vibracionais e novos padrões evolutivos.

Antigamente, poderíamos depender de poucos mestres e sábios, mas, hoje, já são dezenas de milhares de pessoas que atuam em rede para elevar a vibração do planeta e sustentar o processo de transição global.

Em função da diversidade que vivemos, das altas polarizações, da necessidade do uso cada vez maior de nossa criatividade perante as possibilidades de aprendizado e evolução, uma vida na terra nestes tempos equivale a muitas vidas em outros períodos.

É um privilégio estar na Terra nesta fase. Devemos agradecer sempre essa oportunidade.

Se tomarmos a linha oriental do pensar para avaliarmos nossa condição neste momento da história, Fabio Novo diz:

> (...) a humanidade trabalha para saltar do estágio evolutivo que equivale ao terceiro chakra para o estágio que equivale à vibração do quarto chakra, ou seja, a média do grau de energia e consciência da humanidade como um todo está saltando de uma visão egocêntrica, materialista, individualista, competitiva e hierárquica para uma visão ecocêntrica, holossistêmica e integral, onde compartilhar, colaborar, cooperar, cocriar e confiar serão novos códigos socioculturais e comportamentais.

É a transição de uma visão e de uma cultura de terceiro chakra, focadas no poder, no controle, no ego e na guerra, para uma visão e uma cultura de quarto chakra, focadas na compaixão, na integração, no respeito à diversidade, na transparência, na fraternidade, na organização coletiva em rede e na conexão com valores essenciais da consciência, como a liberdade, a integridade e a verdade.

Neste sentido, o homem carrega o potencial de transformação para o fim da era da escassez e o começo de uma era de abundância, com consciência mais madura e íntegra e ao mesmo tempo mais livre e mais amorosa. (Novo, 2014, p. 62)

Seria de fato o processo de um despertar coletivo, trazido principalmente pelos jovens, ou seja, a transformação (ou chamemos de "bendita crise", pela qual a Terra passa) pede uma mudança completa de abordagem.

A nova forma de ser será incompatível com a atual e terá pouca margem para concessões à "velha maneira de ser".

É uma mudança completa de fase com uma forma totalmente diferente de nos relacionarmos com os elementos existentes na terra. Novas fontes de produção, infinitas e inesgotáveis, de energia eletromagnética limpa para o nosso plano material já são fatos.

Um novo mundo, configurado por um novo padrão vibratório, e uma nova sociedade, regida por novos valores, estão nascendo.

O desafio da humanidade está em configurar esse novo sistema que acolhe e integra tudo e todos, considerando todas as questões e dimensões da existência humana.

A capacidade humana de cumprir tal desafio está embutida na consciência humana, faz parte da inteligência universal à qual estamos submetidos. Aos poucos estamos ativando essa consciência.

Para cumprirmos esse desafio como coletividade, cabe a cada um fazer internamente a sua parte desse processo, entrando em contato profundo para liberação das dores e traumas, estruturando a mente e integrando em equilíbrio as energias masculinas e femininas em nós. Esse equilíbrio de forças, numa base estruturada e iluminada, permite a nossa conexão com o todo e nos torna canais vibráteis para essa cura e reconexão com todos à nossa volta, criando uma grande onda que um dia será global.

O que nela difere da consciência especialmente evoluída dos maias, astecas ou incas?

Tudo tem a ver com o espiritual e com a libertação da jaula da linearidade cronológica, passando a perceber uma realidade hiperdimensional em que expansão e contração se alternam em equilíbrio dinâmico. Retomaremos parte do conhecimento alcançado por essas civilizações, mas o momento evolutivo é outro e certamente é difícil nomear as diferenças.

Os fluxos de transformação pessoal estão alinhados com os fluxos coletivos. Ao mapear a dinâmica psíquica interna do seu processo pessoal, você terá os insights que o ajudarão a compreender os padrões que regem o processo de transformação coletiva. A crise de um organismo individual, como uma pessoa, segue padrões semelhantes à crise dos organismos coletivos, como uma família, uma empresa, uma organização social, um país, um planeta, uma galáxia, o universo. Existem padrões similares que regem a manifestação das partículas subatômicas até o cosmos!

Estando você vivenciando tudo em seu corpo físico ou no seu corpo astral, guiado por mestres espirituais ou não, todo esse processo de evolução tem origem na auto-observação e passa por argumentos e lógicas individuais até a sua assimilação e incorporação completa. Isso significa uma metabolização, materialização e estruturação de valores no nosso corpo denso que nos leva para um novo patamar vibracional.

Fabio Novo (2014) ainda diz que, mesmo que processos sejam, por exemplo, canalizados mediunicamente ou não, esses complexos processos não podem ser simplesmente psicografados, eles exigem a cocriação interativa de quem os recebe para processá-los na matéria.

Isso significa que a matéria está sendo iluminada, o que, afinal, deve ser o ápice do processo evolutivo na dimensão terrena!

Para isso, temos a capacidade de desenvolver o acesso de nossos conteúdos do limiar psicoespiritual em todos os níveis do consciente, denomine-se ele ainda de inconsciente, supra, infra ou subconsciente, através de sonhos lúcidos, visões, precognições, memórias de vidas passadas ou paralelas, clarividência, telepatia, clariaudiência e percepções extrassensoriais variadas, tanto destinados à cura quanto ao próprio processo de evolução individual e coletiva.

O propósito maior da vida é nos libertar de todas as influências, inclusive, e principalmente, das astrológicas, ou seja, nada daquilo que os astros indicam como possibilidades, tendências e potenciais deve ser tomado como definitivo mediante nossas capacidades de elaboração e escolhas.

Se você quiser evoluir rapidamente, então escolha o caminho da desilusão.

XXV – CONSIDERAÇÕES FINAIS

O nosso papel neste planeta, para atingir a condição de um ser melhor, é também sabermos trilhar nosso caminho independentemente do nosso Dharma e da nossa missão individual.

A nossa estruturação de valores é o que traz, de fato, a condição de contentamento, serenidade e conexão do ser, e isso é o que nos habilita a partir para o próximo passo de maneira mais fortalecida e consistente à caminhada conjunta, simultânea à nossa busca de missão individual na terra.

A psicologia é, por si só, um "acordo" entre a abordagem da mente e a do coração. A psicologia é o próprio amor em palavras!

É a forma "tântrica" do pensar, é a nossa expressão do "espiritual" no mundo material, é a expressão vital, a arte de viver.

O que poderemos atingir de fato como seres "conscencialmente" evoluídos? Esse é um dos grandes mistérios do universo.

Só nos cabe tomar parte desse processo de construção e nos disponibilizarmos para que a mágica aconteça através de nós.

Não precisamos conhecer,
nem compreender ou ser capazes de sentir tudo.
A aceitação de que existem coisas que pertencem ao mistério libertar-nos-á.

REFERÊNCIAS BIBLIOGRÁFICAS

DOUG, B. *Místicos, mágicos e curandeiros*. Porto Alegre: L&PM, 1983.

HUXLEY, A. *A filosofia perene*. Rio de Janeiro: Civilização Brasileira, 1973.

JIA, J. *Coaching holístico* – Shiou Hsing. São Paulo: Ícone, 2012

JUNG, C. G. *Memórias, sonhos e reflexões*. São Paulo: Saraiva, 1986.

JUNG, C. G. *Psicologia e alquimia*. 6. ed. Rio de Janeiro: Vozes, 2012. v. 12.

JUNG, C. G. *O livro vermelho de Jung*. Rio de Janeiro: Vozes, 2013.

KHYENTSE, D. *O que faz você ser budista*. São Paulo: Pensamento, 2007.

KUBLER-ROSS, Elisabeth. *Sobre a morte e o morrer*. 10. ed. São Paulo: WMF Martins Fontes, 2017.

MALLASZ, G. *Diálogos com o anjo*. Rio de Janeiro: Vozes, 2011.

NOVO, F. *Hiper*. São Paulo: Aleph, 2014.

OSHO. *Amor, liberdade e solitude*. São Paulo: Cultrix, 2006a.

OSHO. *Tantra* – A suprema compreensão. São Paulo: Cultrix, 2006b.

OUSPENSKY, P. *Fragmentos de um ensinamento desconhecido*. São Paulo: Pensamento, 1982.

PIERRAKLOS, E. *Não temas o mal*. São Paulo: Cultrix, 2006.

REICH, Willhelm. *A função do orgasmo*. São Paulo: Brasiliense, 2004.

SALDANHA, V. *Psicologia transpessoal*. Ijuí: Unijuí, 2008.

SANTAYANA, George. *The life of reason*. Amherst, NY: Prometheus Books, 1998.

SHELDRAKE, R. *O renascimento da natureza*. São Paulo: Cultrix, 1993.

STEINER, R. *O Caminho da Luz*: Palestra para a Juventude. Dornach, Suíça, 28 de dezembro de 1918.

STEINER, R. *Conceitos fundamentais para a psicologia antroposófica*. São Paulo: Antroposófica, 1996.

WEIL, P. *A arte de viver em paz*. São Paulo: Gente, 1990.

WEIL, P. *A arte de viver a vida*. Rio de Janeiro: Vozes, 2011.

WEIL, P.; LELOUP, J.; CREMA, R. *Normose* – patologia da normalidade. Rio de Janeiro: Vozes, 1985.

SITES CONSULTADOS

ADVAITA. Ensinamentos. Disponível em: http://advaita.com.br/nisargadatta-maharaj/ensinamentos/. Acesso em: 12 mar. 2024.

ARTECULTURA. [Texto de Rudolf Steiner]. Disponível em: https://rceliamendonca.wordpress.com/tag/rudolf-steiner/. Acesso em: 12 mar. 2024.

CONSTELAR. A nova era. Disponível em: http://www.constelar.com.br/constelar/04_outubro98/memoria1.php. Acesso em: 12 mar. 2024.

PENSADOR. Nelson Mandela. Disponível em: http://pensador.uol.com.br/autor/nelson_mandela/. Acesso em: 12 mar. 2024.

PENSADOR. O que negas te subordina. O que aceitas te transforma. Disponível em: http://pensador.uol.com.br/frase/MTI4NTg2OQ/. Acesso em: 12 mar. 2024.

FONTE Adobe Garamond Pro
PAPEL Pólen natural 80g/m²
IMPRESSÃO Paym